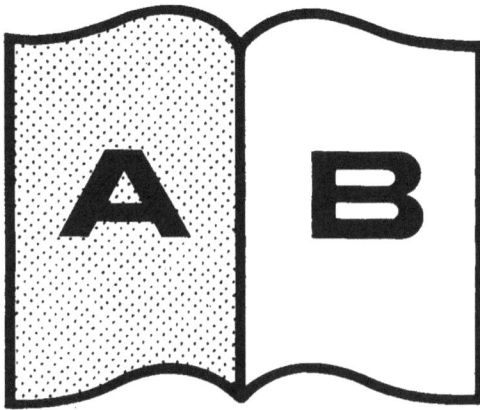

Contraste insuffisant

NF Z 43-120-14

LA SCULPTURE

SUR PIERRE

EN CHINE

AU TEMPS DES DEUX DYNASTIES HAN

PAR

ÉDOUARD CHAVANNES

OUVRAGE PUBLIÉ SOUS LES AUSPICES DU MINISTÈRE DE L'INSTRUCTION PUBLIQUE ET DES BEAUX-ARTS
(Comité des Travaux historiques et scientifiques, section de Géographie historique et descriptive.)

PARIS
ERNEST LEROUX, ÉDITEUR
28, RUE BONAPARTE, 28

1893

LA

SCULPTURE SUR PIERRE

EN CHINE

AU TEMPS DES DEUX DYNÀSTIES HAN

M. Henri Cordier, membre du Comité des Travaux historiques et scientifiques (Section de Géographie historique et descriptive), a suivi l'impression de cet ouvrage.

ANGERS, IMPRIMERIE ORIENTALE A. BURDIN ET Cⁱᵉ, 4, RUE GARNIER.

LA SCULPTURE

SUR PIERRE

EN CHINE

AU TEMPS DES DEUX DYNASTIES HAN

PAR

ÉDOUARD CHAVANNES

OUVRAGE PUBLIÉ SOUS LES AUSPICES DU MINISTÈRE DE L'INSTRUCTION PUBLIQUE ET DES BEAUX-ARTS

(Comité des Travaux historiques et scientifiques, section de Géographie historique et descriptive.)

PARIS

ERNEST LEROUX, ÉDITEUR

28, RUE BONAPARTE, 28

1893

INTRODUCTION

La sculpture sur pierre paraît n'avoir fait en Chine qu'une fort courte apparition avant l'époque où le bouddhisme est venu lui fournir des inspirations nouvelles. Les seuls restes qui nous aient été conservés des premiers essais se réduisent à quelques bas-reliefs de la province de Chan-tong : on lira plus loin l'explication détaillée des scènes qui s'y trouvent représentées. Nous nous proposons, dans cette Introduction, de dresser le catalogue de ces bas-reliefs, d'examiner à quelle époque il convient de les rapporter et enfin de rechercher l'origine et les développements de cet art qu'on pourrait appeler archaïque, s'il n'avait paru dans une civilisation déjà fort avancée et si ces primitifs n'étaient, à bien des égards, des érudits.

1

Le groupe le plus important de ces pierres sculptées est réuni au pied de la hauteur appelée le Ou-tche-chan[1], à une quinzaine de kilomètres au sud de la sous-préfecture de Kia-siang[2]. Il a déjà été l'objet d'une brève étude de M. R. K. Douglas[3], qui en parle d'après les gra-

---

1. 武宅山 ou 武翟山. En style littéraire, on appelle aussi cette hauteur la montagne des nuages de pourpre, *tse-yun-chan* 紫雲山.

2. 嘉祥縣.

3. *Journal of the Royal Asiatic Society*, vol. XVIII.

vures du recueil épigraphique chinois intitulé le *Kin-ché-souo* [1]. M. le
Dr Bushell, médecin de la Légation d'Angleterre à Péking, a pu se
procurer des estampages et les a communiqués au Congrès oriental
de Berlin, en 1881 [2]. Un officier anglais, M. Mills, a raconté qu'il avait
été voir les originaux eux-mêmes, en 1886 [3]. Enfin M. Paléologue leur
a consacré quelques pages de son élégant ouvrage sur l'art chinois [4].

J'ai eu, pour ma part, l'occasion de visiter ces bas-reliefs dans les
circonstances suivantes : au mois de janvier 1891, je dus aller par terre
de Péking à Chang-haï. Lorsque j'arrivai à T'ai-ngan-tcheou, des mar-
chands vinrent m'offrir les estampages que je connaissais déjà par le
récit de M. Mills. Je les achetai et je me décidai à me détourner de ma
route pour aller en vérifier l'exactitude. Le 26 janvier, j'étais à Tsi-ning-
tcheou ; le 27 au matin, je traversai le grand canal et je me dirigeai vers
le sud-ouest. L'étape est d'environ 25 kilomètres ; on passe d'abord dans
village appelé Ho-t'ang-k'eou-eul (?) ; le chemin, qui est praticable en
voiture, s'engage ensuite dans un pays accidenté où des mamelons
pierreux séparent les unes des autres de petites vallées assez fertiles.
Vers midi je m'arrêtai au village de Hou-t'eou (?), tout auprès d'une col-
line appelée le Hou-t'eou-chan [5]. Je partis bientôt après sous la direc-
tion d'un vieux paysan, et, à 3 ou 4 *li* au nord-ouest, je me trouvai en
présence d'un petit bâtiment sans grande apparence : j'étais arrivé. A
quelque distance en avant de la maison se dressaient deux piliers de
pierre ; les gens de l'endroit me les désignèrent comme des chandeliers ;
en réalité, ce sont les deux montants d'une porte aujourd'hui disparue [6].

1. On trouvera une notice sur cet ouvrage à la VIIe section de cette Introduction.
2. *Ost.-Asiat. Sect. Berlin. Orient. Congr.*, 1881, pp. 79-80.
3. *Chinese Times*, 5, 12 et 19 janvier 1889. — *Chinese Recorder*, XVIII, 3. — Je remarque dans le récit de M. Mills quelques erreurs ; il dit (*Chinese Times*, 12 janvier
1889) que les bas-reliefs sont gravés en creux ; or ce sont au contraire des reliefs sail-
lants ; en outre, les noms de localités qu'il a traversées, telles que Char-shang-sheng et
Chif-fer ne ressemblent en rien aux noms des endroits par où il faut passer.
4. *L'Art chinois*, pp. 131 et suiv.
5. Je suppose que Hou-t'eou-chan est une prononciation vicieuse de Ou-tche-chan.
6. Le *Kin-ché-souo* (*Ché-souo*, 3) mentionne aussi le fait que la tradition populaire appelle chandeliers les deux montants de la porte.

Au-dessus de l'entrée du bâtiment est une inscription en caractères verts et rouges. Elle rappelle que la sixième année Koang-siu (1880), pendant la troisième lune, en un jour propice, le sous-préfet de Kia-siang, Ting King-chou[1], originaire de Tchang-hing, répara l'édifice. Je franchis la porte, escorté par une foule bruyante et sale que ma personne attire beaucoup plus que les antiquités ; je me trouve dans une chambre unique où des dalles sculptées sont encastrées dans le mur à hauteur d'homme ; d'autres pierres sont disposées sur le sol de manière à former presque un grand rectangle[2]. Il fait si sombre que je suis obligé d'allumer la chandelle de ma charrette pour distinguer quelque chose.

Les bas-reliefs sont devenus complètement noirs à la suite des nombreux estampages qui en ont été pris[3]. Cette teinte leur donne une netteté très remarquable. Les personnages et les objets sont plans, mais s'enlèvent d'environ 2 millimètres sur le parement du fond ; on dirait qu'on les a découpés à l'emporte-pièce, puis collés sur un champ uniforme. Les ombres et les détails sont marqués au moyen de traits en creux.

Ce procédé artistique est susceptible de produire des œuvres très remarquables, comme on peut le voir d'après certains bas-reliefs égyptiens. Cependant on doit avouer que les sculpteurs chinois n'ont point égalé leurs lointains prédécesseurs. La faute en est sans doute en partie à la matière première : la pierre du Chan-tong est d'un grain trop grossier pour que la pureté des lignes qu'on y trace s'y conserve. Mais, plus encore que la pierre, il faut mettre en cause l'artiste : les attitudes sont comme imposées par une tradition, de telle sorte que deux bas-reliefs, s'ils représentent la même scène, seront presque identiques ; les sentiments sont exprimés d'une manière enfantine : ainsi la terreur sera uniformément marquée par le hérissement des cheveux ; et si les postures manquent de variété, que dire des visages qui semblent

---

1. 丁 敬 書.

2. On trouvera, dans le Supplément à l'Introduction, six petites figures qui indiquent la manière dont les bas-reliefs sont actuellement disposés.

3. M. Devéria a décrit la manière dont les Chinois prenaient leurs estampages avec un tampon noirci à l'encre de Chine (*Revue de l'Extrême-Orient*, tome I, p. 142).

les répétitions d'un type unique? il serait impossible de connaître qui
ils représentent si un petit écriteau placé à côté du personnage ne
venait souvent nous renseigner.

II

Les bas-reliefs qui sont réunis aujourd'hui dans une salle au pied de
la montagne Ou-tche étaient primitivement répartis sur plusieurs empla-
cements assez distants les uns des autres. Il importe de rappeler la
manière dont ils furent découverts, afin de les grouper de nouveau dans
l'ordre primitif.

Dès le xii° siècle de notre ère, les épigraphistes chinois parlent de
cinq ou six de ces pierres ; l'un d'eux, Hong Kouo[1], chercha à déterminer quelle avait été la destination primitive de ces bas-reliefs. Quelques années avant lui, Tchao Ming-tch'eng[2] avait reconnu qu'ils devaient
appartenir à une sépulture de la famille Ou ; Hong Kouo alla plus loin
et déclara que cette sépulture était celle d'un nommé Ou Léang[3]. En
effet, dit-il, dans la ville de Jen-tch'eng (ancien nom de Tsi-ning-tcheou)
se trouve une stèle[4] en l'honneur d'un certain Ou Léang ; elle est datée
de la première année *yuen-kia* de l'empereur Wei-tsong[5] (151 ap. J.-C.) ;
on y lit ceci :

1. Hong Kouo est l'auteur du *Li-ché* et du *Li-siu*. Voyez la VII° section de cette Introduction.
2. Tchao Ming-tch'eng est l'auteur du *Kin-ché-lou*. Voyez la VII° section de cette Introduction.
3. *Kin-ché-tsoei-pien*, k. 20, p. 37 v°.
4. Cette stèle semble être perdue aujourd'hui. En effet, Hoang I dit formellement,
après avoir parlé des inscriptions relatives à la famille Ou : « Quant aux inscriptions en
l'honneur de Ou Léang et de Ou K'ai-ming, elles n'ont point encore apparu. » (*Kin-ché-
tsoei-pien*, k. 20, p. 41 r°.) Cependant cette stèle était bien connue à l'époque des Song ;
non seulement Hong Kouo en cite un passage, mais Tchao Ming-tch'eng aussi en affirme
l'existence et nous apprend que, d'après cette inscription, le surnom de Ou Léang était
Soei-tsong (*Kin-ché-tsoei-pien*, chap. VIII, p. 8 v°).
5. Wei-tsong est le titre sacrificatoire (*miao-hao*) de Hoan-ti qui régna de 147 à 168.

« Les fils pieux Tchong-tchang, Ki-tchang et Ki-li et le petit-fils pieux
Tse-kiao ont pratiqué de tout leur pouvoir la piété filiale ; ils ont entièrement employé les biens qu'ils avaient ; ils ont choisi une pierre renommée, au sud des montagnes méridionales ; ils l'ont prise d'une
qualité excellente, d'une couleur jaune sans défaut ; devant, ils ont fait
un autel et une aire ; derrière, ils ont élevé une chambre funéraire.
L'habile ouvrier Wei-kai cisela les ornements et grava les dessins ; il
les rangea par files ; il manifesta avec promptitude son talent et son
ingéniosité. Le gracieux spectacle fut exposé aux yeux de tous[1]. »

Hong Kouo crut voir dans ce passage une description des bas-reliefs
qu'il connaissait et c'est pourquoi il les appela, le premier, la chambre
funéraire d'Ou Léang. Les critiques chinois n'ont pas songé à réviser
le raisonnement de leur prédécesseur et ont conservé cette appellation.
Nous verrons plus loin qu'elle est en réalité dénuée de toute raison
d'être.

Outre ces bas-reliefs, on connaissait aussi une stèle fort endommagée
sur laquelle, au xie siècle déjà, Ngeou-yang Sieou[2] avait lu la date de
la première année *kien-ho* (147 ap. J.-C.) ; mais il n'était pas parvenu à
déchiffrer le reste du texte. Au siècle suivant, on l'appela stèle d'Ou
Léang.

Après le xiie siècle, nous devons nous transporter brusquement jusqu'à la fin du xviiie siècle, pour trouver un nouvel effort fait en vue de
compléter la connaissance insuffisante qu'on possédait de ces sculptures.
Cette fois l'effort fut considérable et produisit de fort beaux résultats.

En l'automne de l'année 1786, un certain Hoang 1[3], dont le surnom
était Siao-song[4], et qui était originaire de Ts'ien-t'ang[5], se trouvait de

---

1. On trouvera le texte chinois de ce passage dans le Supplément à l'Introduction,
1re inscription. Cf. *Kin-ché-tsoei-pien*, chap. xx, p. 37 v°.

2. V. sur ce personnage la VIIe section de l'Introduction.

3. 黄 易.

4. 小 松.

5. 錢 唐 ; Ts'ieng-t'ang est le nom d'un des arrondissements de la ville de Hang-
tcheou, dans la province de Tche-kiang.

passage dans la sous-préfecture de Kia-siang, lorsqu'il apprit qu'à une
trentaine de *li* au sud existaient de curieux bas-reliefs ; la tradition
populaire les rapportait à la dynastie des Han et les considérait comme
les débris de la sépulture d'un prince impérial.

Hoang I commença par prendre un estampage de la stèle dite d'Ou-
Léang et, en l'étudiant, il reconnut que cette inscription avait été faite
en l'honneur, non pas d'Ou Léang, mais d'un autre membre de la famille
Ou nommé Ou Pan[1].

Puis il se rendit sur les lieux mêmes et se mit en devoir de pratiquer
des fouilles, afin de dégager les pierres du sable que des inondations
répétées avaient accumulé autour d'elles. Il remit d'abord au jour les
débris déjà connus avant lui : en premier lieu, les deux piliers qui sont
aujourd'hui encore à leur place primitive et qui étaient les deux montants d'une porte ; la stèle de Ou Pan ; — une dalle représentant la
visite de K'ong-tse (Confucius) à Lao-tse ; — enfin trois pierres apparte-
nant à un édicule que Hoang I appela, comme ses prédécesseurs, la
chambre funéraire d'Ou Léang. De ces trois pierres, deux ont les mêmes
dimensions et constituaient les parois latérales, tandis que la troisième
formait le fond de cette maisonnette qui était plutôt une grande châsse
qu'une chambre, car elle avait 2^m,10 de long sur 1^m,36 de profondeur et
1^m,13 de haut. Un homme n'aurait pas pu s'y tenir debout. Quelle en
était la destination ? on ne peut répondre à cette question que par des
conjectures : peut-être y plaçait-on le cercueil ; peut-être n'y mettait-
on que la tablette où étaient inscrits les noms du défunt.

Poursuivant ces investigations, Hoang I découvrit, en arrière du premier emplacement, un groupe de sept autres bas-reliefs où se trouvaient
représentées des scènes étranges. A côté était une colonne brisée qui
portait les mots : « Bois de la famille Ou[2]. »

Plus en avant, au contraire, était un autre ensemble de quatorze bas-
reliefs.

1. *Kin-ché-tsoei-pien*, k. 20, p. 40 r°.
2. 武家林.

Enfin Hoang I exhuma deux pierres (dont l'une était brisée en trois) sur lesquelles étaient gravés des êtres ou des objets extraordinaires dont l'apparition est considérée par les Chinois comme un présage de bon augure.

Hoang I transporta dans la Salle des Études[1] à Tsi-ning-tcheou la dalle où était représentée la visite de K'ong-tse à Lao-tse; puis il se préoccupa de mettre à l'abri les trésors archéologiques qu'il venait de tirer du sol et obtint des nommés Li K'o-tcheng et Lieou Tchao-yong, tous deux originaires de Hong-t'ong, qu'ils surveillassent l'érection d'un édifice où les bas-reliefs seraient conservés.

Un ami de Hoang I, Wong Fang-kang[2], qui était lui-même un épigraphiste renommé, fit une inscription pour célébrer les heureuses trouvailles de son collègue. Cette inscription a été gravée sur cinq petites dalles quadrangulaires qui furent encastrées dans le mur sud du bâtiment que j'ai visité. En voici la traduction :

« Autrefois Ngeou-yang Sieou réunit les vieilles inscriptions, parce « que, depuis les Han et les Wei jusqu'alors, les anciennes pierres gra- « vées gisaient dispersées au pied des montagnes ou parmi les sépul- « tures, sans que personne les eût encore rassemblées, ce qui était fort « regrettable. Il dit encore lui-même : « Dans les sépultures en ruines, « au milieu des bois incultes, ce qui est parvenu jusqu'à nous de dieux, « d'êtres fantastiques et d'objets étranges, je les ai tous sans excep- « tion. » Toutefois, les textes des gravures qui appartiennent aux cham- « bres funéraires de la famille Ou, sous la dynastie des Han, ce sont « des inscriptions qu'il n'a point encore consignées dans son ouvrage. « Venons à Tchao[3], originaire de Tong-ou ; il est le premier qui ait « cinq chapitres consacrés aux sculptures des chambres de pierre de « la famille Ou ; cependant il n'en a point donné les inscriptions. Mais

---

1. 學堂.

2. Voir le texte de cette inscription à la planche XLIV. A la suite de cette inscription se trouve, en plus petits caractères, la liste des personnes qui ont contribué à l'érection du bâtiment. Cf. sur Wong Fang-kang la VII° section de l'Introduction.

3. Il s'agit de Tchao Ming-tch'eng.

« Hong [1], originaire de P'o-yang, les reproduisit et, qui plus est, les
« expliqua. Il n'y avait en tout qu'un peu plus de quatre cents mots. Au
« temps où les Song passèrent au sud du fleuve, on parle déjà d'une nou-
« velle réimpression et l'ouvrage original était rare; combien plus doit-il
« l'être maintenant! Or, six cents ans plus tard, Hoang-tse Ts'ieou-ngan [2],
« originaire de Ts'ien-t'ang, après s'être rendu dans la Salle des Études
« à Tsi-ning-tcheou pour y prendre l'estampage de l'inscription du pré-
« fet des prisons [3] et après avoir obtenu une copie de la stèle tout
« entière, découvrit au pied de la montagne Tse-yun, dans la sous-pré-
« fecture de Kia-siang, la stèle de Ou Pan, commandant militaire du
« Toen-hoang, et l'inscription du chambranle de pierre de la famille Ou [4];
« ensuite il trouva tous les bas-reliefs des chambres de pierre de la fa-
« mille Ou ; puis la scène de K'ong-tse rendant visite à Lao-tse, et les
« planches gravées sur pierre d'objets merveilleux de bon augure. Si on
« compare ces résultats avec les descriptions de Hong, on voit que la
« valeur en est de plus du double. Puis Hoang I transporta avec soin
« dans la Salle des Études à Tsi-ning-tcheou la pierre où était repré-
« sentée la visite de K'ong-tse à Lao-tse. Il rassembla toutes les autres
« dalles, éleva en ce lieu une salle fermée de murs et y maçonna solide-
« ment les dalles. Une inscription porta les mots : Chambres funéraires
« de la famille Ou. On ordonna aux gens de l'endroit de garder cet édi-
« fice. Auparavant, Hoang-tse et moi, en collationnant les restes des ins-
« criptions sur métal et sur pierre, nous avions souvent regretté de ne
« pouvoir nous procurer, afin d'éclaircir les points douteux, l'ancien
« livre [5] qui est consacré à ces bas-reliefs. Or nous deux, après que pen-
« dant dix années nos intelligences se sont appliquées et nos yeux ont

1. Ce Hong n'est autre que Hong Kouo.
2. 黃子秋庵 Ts'ieou-ngan est un surnom littéraire de Hoang I.
3. Il s'agit d'une stèle (aujourd'hui fort endommagée), élevée en 185 après J.-C. en
l'honneur d'un certain Tch'eng Ki-siuen, préfet des prisons. (Cf. *Kin-ché-tsoei-pien*,
chap. XVII *ad finem*.)
4. On lira la traduction de cette inscription et de celle de Ou Pan dans la IIIe section
de cette Introduction.
5. Il s'agit sans doute de la première édition du livre de Hong Kouo.

« cherché, voici qu'en une matinée nous avons rencontré les originaux!
« Plus tard, m'étant rendu, en qualité d'examinateur, dans la région
« comprise entre P'o-yang et Lou-feou[1], je pensai au passé et j'eus com-
« passion du sage Hong, Bienfait de la littérature[2], qui avait été déçu
« dans ses espérances à cause de mille li de passes montagneuses et
« qui en avait gémi trois fois[3]. Ceux qui plus tard viendront toucher
« ces pierres, il faut qu'ils sachent les conserver et les épargner. — La
« cinquante-deuxième année du règne de Kien-long[4], l'année étant dans
« les signes *ting-wei*, Wong Fang-kang, originaire de Ta-hing, digni-
« taire du second rang, explicateur et annaliste impérial, intendant du
« pavillon Wen-yuen, surintendant des études de l'héritier présomptif,
« lecteur de l'Académie, a composé cette [inscription et, en outre, l'a
« écrite. »

Au cours des travaux qui furent entrepris pour réunir dans le nouveau bâtiment les bas-reliefs de Hoang I, on trouva trois nouvelles
pierres des chambres postérieures, une des chambres antérieures, puis
tout un groupe situé à l'est des autres et appelé, pour cette raison, les
dix pierres des chambres de gauche. Sur la première de ces dix pierres,
Li K'o-tcheng et Lieou Tchao-yong gravèrent les quelques phrases suivantes[5] pour rappeler leur découverte :

« Les scènes représentées dans la chambre funéraire de Ou Léang,
« qui vivait au temps des Han, sont décrites clairement dans le *Li-siu*[6]
« de Hong. Sous le règne de Kien-long, en l'année *ping-ou*[7], Hoang
« Siao-song, originaire de Ts'ien-t'ang, fit des fouilles et découvrit les

---

1. C'est le pays d'où était originaire Hong Kouo.
2. 文 惠 « Bienfait de la littérature », est le nom sous lequel fut canonisé Hong Kouo.
3. Hong Kouo avait dû regretter d'habiter trop loin du Chan-tong et d'en être séparé
par trop de montagnes, ce qui l'avait empêché de voir les bas-reliefs de la chambre dite
d'Ou Léang.
4. En 1787.
5. On trouvera ce texte à droite de la planche XXI.
6. Le *Li-siu* est un ouvrage de Hong Kouo.
7. En 1786.

2

« pierres des chambres antérieures et postérieures, ainsi que les plan-
« ches d'objets merveilleux; il les encastra dans les murs d'un édifice.
« En l'année *i-yeou*[1], en automne, au septième mois, Li K'o-tcheng, dont
« le surnom est Mei-ts'uen et Lieou Tchao-yong, dont le surnom est
« Koei-sien, tous deux originaires de Hong-t'ong, en surveillant le tra-
« vail et en élevant le bâtiment, firent une trouvaille complémentaire :
« les dix pierres sculptées des chambres de gauche; elles contenaient
« cent six caractères *li;* elles étaient, encore moins que les autres, con-
« nues auparavant; on les a donc maçonnées dans les murs et on a
« écrit cela afin d'en conserver le souvenir. »

Sept ans plus tard, un certain Ts'ien Yong visita le musée ainsi créé
et grava une inscription qui a été logée dans le mur du sud, à la suite
de celle de Wong Fang-kang. Elle est conçue en ces termes[2] :

« Les chambres de pierre de la famille Ou, sous la dynastie Han, se
« trouvent au pied de la montagne Ts'e-yun, dans la sous-préfecture du
« Chan-tong appelée Kia-siang. A partir des dynasties Song et Yuen
« elles furent dispersées et altérées et peu s'en fallut qu'elles ne dispa-
« russent. La cinquantième année du règne de Kien-long, Hoang I, ori-
« ginaire de Ts'ien-t'ang et Li K'o-tcheng et ses compagnons, origi-
« naires de Hong-t'ong, à des moments divers trouvèrent en tout plus
« de quarante pierres, soit trois bas-reliefs de la chambre funéraire
« d'Ou Léang, quatorze des chambres de pierre antérieures, deux qui
« forment les deux faces d'une même pierre[3], dix des chambres de
« pierre postérieures, une colonne, dix bas-reliefs des chambres de
« pierre de gauche, quatre[4] planches d'objets merveilleux, une stèle de
« Ou Pan, gouverneur militaire du Toen-hoang; puis, sur l'ancien em-

1. En 1789.
2. Voir le texte de cette inscription : planche XLIV, *f.*
3. La plupart des épigraphistes chinois ne comptent que quinze bas-reliefs des chambres antérieures, parce qu'ils négligent la seconde face de la quatorzième pierre.
4. Il n'y a en réalité que deux planches ; mais l'une d'elles, comme nous l'avons déjà
remarqué, est brisée en trois fragments.

« placement même, on a dressé les pierres et construit une salle pour
« les transmettre à toujours. Celui qui a été envoyé et délégué pour
« cela, c'est Nan Tcheng-yen, originaire de Hong-t'ong ; ceux qui ont
« fait le travail et accompli l'œuvre, ce sont Li Tchong-p'ei et Li Tong-
« k'i, originaires de Tsi-ning. Sept ans après, pendant la septième lune,
« Ts'ien Yong, originaire de Kin-koei, vint visiter ce lieu et il l'a men-
« tionné sur cette pierre pour en conserver la mémoire. »

Le catalogue des bas-reliefs, tel qu'il nous est donné dans le texte de
cette inscription, est celui même que nous retrouvons dans les recueils
épigraphiques les plus récents, tels que le *Kin-ché-tsoei-pien* et le *Kin-
ché-souo*. Mais, depuis la publication de ces ouvrages, on a encore re-
tiré de terre deux pierres : l'une est un fragment d'une nouvelle planche
d'objets merveilleux ; la deuxième, découverte en l'année 1820[1], est la
seconde partie de la première pierre des chambres de gauche. La description qu'on lira plus loin de ces deux bas-reliefs est donc la première
qui ait été faite.

III

Cet historique des fouilles qui furent faites aux environs de la chambre
d'Ou Léang nous permet déjà de distinguer entre divers groupes de
bas-reliefs. Cherchons à aller plus loin et examinons s'il est possible de
déterminer à quelle occasion et à quelle date on exécuta ces sculptures.

D'après les récits que font les écrivains chinois, les trois dalles con-
nues sous le nom de « pierres de la chambre d'Ou Léang » ont été trouvées tout près des deux piliers qui subsistent encore. Il est donc vrai-

---

1. On lit sur cette pierre, à gauche, l'inscription suivante : 新出土石與左
室第一石連庚辰增入. « Cette pierre, nouvellement sortie de terre, se
raccorde à la première de la chambre de gauche ; elle fut ajoutée aux autres, dans cet
édifice, en l'année *keng-chen*. »

semblable que la chambre était placée un peu en arrière de la porte et que les piliers et les dalles formaient partie d'une même sépulture. Or, au pied du pilier de l'ouest on aperçoit les premiers mots d'une inscription[1] dont plus de la moitié est enfouie sous terre. Cette inscription a été estampée, et, après en avoir restitué le texte, on a pu y lire ceci :

« La première année *kien-ho*[1], l'année étant dans les signes *ting-hai*, « à la troisième lune qui commençait par le jour *keng-siu*, le quatrième « jour étant *koei-tch'eou*, le fils pieux Ou Ché-kong et ses frères cadets « Soei-tsong, King-hing et K'ai-ming chargèrent le sculpteur Li Ti-mao, « surnommé Meng-fou, de faire ces piliers ; ils dépensèrent 150,000 piè- « ces de monnaie ; Soen-tsong fit les lions et y employa 40,000 pièces « de monnaie. Le fils de K'ai-ming, Siuen-tchang, remplit une fonc- « tion publique à Tsi-yn. Lorsqu'il eut vingt-cinq ans, le préfet Ts'ao « l'ayant remarqué et recommandé pour sa piété filiale et son intégrité, « il obtint le poste de commandant militaire du Toen-hoang[1] ; mais, « atteint par la maladie, il mourut prématurément ; la plante verte et « fleurie ne parvint pas à son entier développement. Hélas ! que cela est « regrettable ! Hommes et femmes le pleurent ! »

Il est à remarquer que cette inscription paraît avoir été faite en l'honneur de deux personnes ; en effet, d'une part le titre de « fils pieux » que se donnent Ou Ché-kong, Ou Soei-tsong, Ou King-hing et Ou K'ai-ming, porte à croire que ces quatre frères élevaient un monument à leur père ; d'autre part, toute la seconde moitié du texte est consacrée à l'éloge de Ou Siuen-tchang qui était le fils de l'un des quatre frères, à savoir de Ou K'ai-ming.

1. On trouvera la reproduction de cette inscription au bas de la planche I ; on en verra la transcription en caractères modernes dans le Supplément à l'Introduction, 2ᵉ inscription.
2. C'est l'année 147 après J.-C.
3. Toen-hoang est une place forte près de Ngan-si-tcheou, dans la province de Kan-sou ; c'était, sous les Han, la citadelle avancée qui tenait en respect les barbares de l'ouest. Une inscription trouvée à Barkoul (*Kin-ché-tsoei-pien*, k. 7, p. 11) rappelle la victoire que P'ei Ts'en, gouverneur du Toen-hoang, remporta sur les Hiong-nou septentrionaux en l'année 137 de notre ère, c'est-à-dire peu d'années avant que Ou Siuen-tchang reçût le commandement militaire du Toen-hoang.

Ce Ou Siuen-tchang nous est d'ailleurs connu d'une autre façon ; en effet, la stèle [1] fort abîmée qui se trouvait sur le même emplacement que les bas-reliefs dits de la chambre d'Ou Léang et qui fut longtemps elle-même appelée stèle d'Ou Léang, a été érigée en l'honneur d'un personnage dont le nom de famille était Ou, le nom propre Pan et l'appellation Siuen-tchang. C'est Hoang I qui a reconnu ce fait ; après lui les épigraphistes chinois ont dépensé des trésors d'ingéniosité pour reconstituer le texte presque effacé de l'inscription et sont parvenus à en donner une lecture très suffisante [2]. En voici la traduction :

« La première année *kien-ho* [3], la révolution annuelle étant dans les
« signes *ting-hai*, la seconde lune dont le premier jour était *sin-se*, au
« vingt-troisième jour qui était *koei-mao*, les collègues [4] du comman-
« dant militaire... Celui qui fut commandant militaire du Toen-hoang,
« le sage Ou, avait pour nom propre [5] Pan et pour appellation Siuen-
« tchang. Autrefois le roi Ou-ting, de la dynastie des Yn, remporta une
« victoire sur le pays des Koei. Ce premier succès fut très célèbre ; le
« souvenir en fut conservé dans le palais royal ; ceux qui, de père en
« fils, étaient fonctionnaires se multiplièrent et devinrent des familles ;
« c'est ainsi que la famille Ou est la postérité de ce roi [6]. Pendant les

1. Cette stèle se termine en haut par un pignon percé d'un grand trou rond ; l'inscription se compose de vingt lignes, d'une quarantaine de mots chacune. Au revers de la stèle, on lit trois grands caractères écrits à une époque ultérieure : 武氏碑 « stèle de Ou. »

2. On en trouvera la transcription en caractères modernes dans le Supplément à l'Introduction (3e inscription), cf. *Kin-ché-tsoei-pien*, k. 8.

3. En 147 après J.-C.

4. Le texte chinois porte seulement le caractère 同 ; il est probable qu'il faut suppléer après ce caractère le mot 歲 ; ce sont les personnes qui étaient en fonctions la même année que Ou Pan qui lui élevèrent cette s.èle.

5. L'expression chinoise est le mot *hoei* 諱 qui signifie « le nom qu'on ne doit pas prononcer ». Les Chinois en effet, comme beaucoup d'autres peuples, frappent du *tabou* le nom propre d'un individu mort.

6. *Ou* signifie « guerre ». L'origine de la famille Ou est donc rapportée à l'empereur qui, par ses exploits guerriers, mérita le nom de Ou-ting.

« dynasties Chang et Tcheou, elle fut grande et florissante ; à travers
« les générations successives elle s'élargit et s'étendit ; elle ne perdit
« pas de son éclat. Depuis que les Han ont pris le pouvoir, elle a eu di-
« gnités et charges en succession continue... fidèles sujets du souverain.

« Le sage dès son enfance, se pénétra (?) de la haute intelligence de
« Yen-tse et de Min-tse. Lorsqu'il devint grand, il montra un talent
« littéraire égal à celui de Tse-yeou et de Tse-hia. Il était bon, compa-
« tissant, bienveillant... fils pieux, ami sûr, excellent homme... il s'em-
« para de toutes les connaissances littéraires ; il s'imbut profondément
« (des écrits) des sages... il goûtait et réunissait les ouvrages les plus
« divers... Il marcha au bonheur sans revenir sur ses pas. Sa réputation
« était éclatante et ses actions étaient illustres. Il vivait en pleine lu-
« mière et était connu de ceux qui étaient loin comme de ceux qui étaient
« près. Le préfet et le gouverneur apprécièrent ses capacités et sa vertu,
« malgré son jeune âge ; ils firent une requête demandant qu'à l'âge
« de... il fut recommandé pour... aider dans le pavillon de Pourpre...
« il fut nommé par décret impérial ; il illustra la maison royale : (il mé-
« rita bien) de l'État : l'empereur se servit de lui et le loua. Il s'occupait
« des anciens... il examinait les choses secrètes et belles ; il écrivait
« sur les matières obscures et délicates. Si on remonte aux anciens
« temps, il fut bien (supérieur) à Lieou Hiang, à Pan Kou et à Kia I.

« En ce temps, la guerre... rétablir l'ordre... la cour fut pleine d'in-
« quiétudes.... recommanda le sage Pan. Le jour où il entra en fonc-
« tions... la fureur des méchants officiers et soldats qui rugissaient
« comme des tigres... il écrasa... Le peuple le prit pour appui. Après
« que le pays eut été pacifié, comme il y avait longtemps que Pan s'illus-
« trait loin de la capitale, le moment était venu où il devait retourner
« à la cour pour y être employé dans l'entourage de l'empereur. Mais
« la première année *yong-kia* [1]... mois... jour, il fut saisi par la maladie,
« ne put..... hélas.

« Alors le sous-préfet de Kin-hiang, Ché K'oeï, originaire de Kao-yang,

1. En 145 après J.-C.

« dans le Ho-kien et d'autres, se rappelant les jours passés où ils étaient
« en la même année collègues de Pan, tous..... Si on remonte dans l'anti-
« quité, le Saint [1] louait la vertu..... Vivant, il fut glorieux ; mort, il est
« l'objet de regrets. On se souviendra de lui pendant dix mille années.
« La vertu dont ce sage nous a laissé l'exemple... était un joyau. C'est
« pourquoi (on a élevé) cette pierre et on a gravé cette épitaphe afin de
« célébrer sa vertu. Le texte de l'épitaphe est le suivant :

    « Hélas, lorsque nous pensons au sage Ou, en vérité il était vertueux,
« en vérité il était admirable. Il avait reçu du ciel une belle destinée ;
« plusieurs faveurs d'en haut s'étaient réunies sur lui. Il se montra intel-
« ligent à l'âge où on lui donnait encore la main pour marcher.
« Modeste... il observait les convenances et ne s'occupait que de son
« devoir. Sa piété filiale fut intense comme le vent agréable [2] ; son
« caractère était paisible comme celui d'un agneau ou d'un mouton...???...
« il était sage, distingué, sincère, intelligent... il était la jambe et le
« bras du souverain ; il soutenait la grande concorde [3] ; tout le peuple
« recevait ses bienfaits ; il illustra ses aïeux ;... les historiographes rela-
« tèrent son mérite. L'Empereur souverain du vaste Ciel lui envoya une
« maladie funeste et inguérissable ; subitement il mourut... Il ne par-
« vint pas à un âge avancé ; la destinée suprême... Les cent fonction-
« naires sont attristés... ; l'impératrice et l'empereur sont affligés ; les
« gens instruits le pleurent ; hommes et femmes le regrettent. On le
« célébrera par le métal et par la pierre ; sa renommée sera faite impé-
« rissable ; elle sera transmise à la postérité ; pendant cent mille années
« on le louera en le regrettant.

    « Le chang-chou-tch'eng, Tché... siuen, originaire de Siao-ts'ao dans
« royaume de P'ei.

    « Le préfet de Tch'eng-ou, Ts'ao Tchong, originaire de Ngan-hi dans
« le département de Tchong-chan.

1. Le saint est probablement Confucius.
2. Le vent agréable est le vent du sud qui fait naître toutes choses au printemps. Cf.
Le Livre des vers, trad. Legge, p. 50, VIIe ode de la Ire partie.
3. C'est-à-dire l'empire.

« Le préfet de Li, Siu Tch'ong, originaire de Léang-tch'eng, dans le
« Hia-p'ei.

« L'ex-assistant du préfet de Tch'en-lieou... originaire de Lou... dans
« le pays de Lou.

« Le magistrat de Faug-tong... originaire de Lin-tche, dans le
« royaume de Ts'i.

« Ki Po-yun a écrit cette inscription.

« ... Yen-k'i, dont l'appellation est Po-lou. »

Cette stèle est datée de la deuxième lune au jour *koei-mao* ; l'inscription du pilier est datée de la troisième lune au jour *koei-tch'eou*, c'est-
à-dire qu'elle est postérieure de dix jours. Nous avons donc là deux
monuments élevés à la même époque, l'un en l'honneur de Ou Pan,
l'autre en l'honneur de Ou Pan et de son grand-père. Peut-être faut-il
admettre que la porte servait d'entrée à un cimetière de famille et que
la tombe de Ou Pan avait été placée à côté de celle de son aïeul. La
chambrette dite d'Ou Léang se trouvant sur ce même emplacement, il
est bien probable qu'elle a appartenu à l'une ou à l'autre de ces sépultures. Comme on a dû changer le nom de la stèle de Ou Léang qui est
devenue la stèle de Ou Pan, de même il faut dire que la chambrette
n'est pas celle d'Ou Léang, mais celle d'Ou Pan ou de son grand-père[1].
Cependant, pour ne pas jeter de la confusion en adoptant une nouvelle
appellation qu'aucun auteur chinois ne sanctionne, nous nommerons
cet édicule la « chambrette funéraire du pseudo-Ou Léang.

La famille Ou n'a pas joué un rôle assez important pour obtenir les
honneurs de la biographie officielle, et nous ne trouvons aucun rensei-
gnement sur elle dans l'histoire des Han postérieurs. Mais on possède

---

1. Non seulement il n'y a aucune raison valable pour attribuer la chambrette à une
sépulture d'Ou Léang, mais encore cette conjecture est une des seules qu'on ne soit
pas autorisé à faire. En effet, s'il est vrai que la chambrette funéraire ait fait partie du
même monument que les piliers, il est impossible qu'elle ait été élevée en l'honneur
d'Ou Léang, puisque celui-ci, dont le surnom était Soei-tsong, était, d'après l'inscription du pilier de l'ouest, un des quatre personnages qui firent les frais de cette sépulture.

une autre inscription[1] faite en l'honneur d'un de ses membres, Ou Jong,
commandant en second la police de la capitale. Cette stèle est conservée
dans la Salle des Études à Tsi-ning-tcheou. En voici la traduction :

« Le sage eut pour nom propre Jong et pour surnom Han-ho ; il fit
« une récension du livre des vers conservé dans le pays de Lou, en sui-
« vant la division en strophes et en phrases de maître Wei[2]. Lorsqu'il
« ne portait pas encore le bonnet viril, il étudia avec ses maîtres le Livre
« de la piété filiale, le Luen-yu, le Livre des Han, les Mémoires histo-
« riques, l'ouvrage de Tso, le Kouo-yu[3]. Il n'y avait rien qu'il ne péné-
« trât et ne s'assimilât. Pendant longtemps, il fréquenta l'Académie
« d'instruction. Il était très profond ; il était élevé et grave. Il en est peu
« qui pourraient lui être comparés. Après avoir fait de fortes études, il
« entra en fonctions ; il fut *chou-tso* de l'arrondissement, *ts'ao-ché* du
« département, receveur des taxes, inspecteur de la poste, *ou-koan-yen*,

1. On trouvera la transcription de cette inscription en caractères modernes dans le
Supplément à l'Introduction, 4ᵉ inscription. Cf. *Kin-ché-tsoei-pien*, chap. XII.
2. Les recueils des anciennes poésies chinoises ne formaient pas alors, comme aujour-
d'hui, un livre unique ; il y avait plusieurs recueils différents suivant que la récension des
poésies avait été faite dans le pays de Lou, dans celui de Han ou dans celui de Ts'i. Le
recueil du pays de Lou fut d'abord établi par Chen P'ei-kong 申 培 公, qui vivait
sous le règne de Ou-ti (140-86 av. J.-C.) ; Chen eut pour disciple Wei Hien 韋 賢 qui
parvint au titre de grand conseiller sous l'empereur Siuen (73-48 av. J.-C.) ; Wei Hien
transmit le livre à son fils Wei Hiuen-tch'eng 韋 玄 成 ; sous l'empereur Yuen (48-32
av. J.-C.) il eut, comme son père, le titre de grand conseiller ; Wei Hiuen-tch'eng eut
pour fils Wei Chang 韋 賞, lequel communiqua son enseignement des poésies à l'empereur Ngai (6 av. J.-C.-1 ap. J.-C.). C'est sur le texte et le commentaire du *Ché-king*
établi par la famille Wei, que travailla Ou Jong. — Il est à remarquer que, dans le long
travail qui s'opéra sous la dynastie des premiers Han, pour fixer le texte et le sens des
anciens ouvrages littéraires, les érudits se spécialisèrent dans l'étude d'un seul de ces
ouvrages, les uns choisissant le livre des Annales, les autres le livre des Vers, ou quel-
qu'un des vieux rituels, mais aucun d'eux ne prétendant embrasser tout l'ensemble de la
vieille littérature.
3. Le livre des Han de Pan Kou, les Mémoires historiques de Se-ma Ts'ien, le commentaire de Tso K'ieou-ming au *Tch'oen-ts'ieou* de Confucius, le Recueil de discours
d'État appelé *Kouo-yu* et attribué à ce même Tso K'ieou-ming, tels sont les ouvrages historiques qu'étudia Ou Jong ; c'était un cours d'étude fort sérieux, car les livres énumérés
ci-dessus contiennent à peu près tout ce qu'on peut savoir de la Chine ancienne.

3

« *kong-ts'ao*[1], aide du gouverneur. Lorsqu'il eut atteint l'âge de trente-
« six ans, Ts'ai, préfet du pays situé au sud de la rivière Jou, remarqua
« sa piété filiale et le recommanda... (Il fut nommé) capitaine des gardes ;
« puis il fut promu au poste de commandant en second la police de la
« capitale. Il arriva que l'empereur Hiao Hoan mourut[2] ; on fit alors des
« patrouilles[3] à la porte Hiuen-ou[4]. Il fut très affligé et pénétré de tris-
« tesse. En outre, il fut atteint par une mauvaise influence, prit une
« maladie et mourut.

« ... Le sage était le second fils du préfet du département de Ou[5] ; il
« était le frère cadet du commandant militaire du Toen-hoang. L'inté-
« grité et la piété filiale étaient dominantes chez tous les membres de
« cette famille ; à chaque génération ils portaient avec eux la vertu ; il
« ne fit pas de faute..... Il ne put parvenir jusqu'aux plus hauts emplois
« de l'État. Alors, considérant quelle fut sa vertu au début et racontant
« sa vie jusqu'à la fin, on a gravé une pierre et on a écrit une épitaphe
« en vers pour transmettre sans fin ce bel exemple. Le texte de l'épi-
« taphe est ainsi conçu :

« Le ciel a fait descendre sur cet homme des qualités fortes et admi-
« rables ; son intelligence et ses capacités ont été singulières et déve-
« loppées ; regardant à ce qui était élevé, il cherchait à pénétrer ce qui
« était difficile à comprendre. En vérité il fut instruit ; en vérité il fut

1. Il serait fort désirable de traduire exactement chacun de ces titres et de rétablir ainsi
le *cursus honorum* d'un fonctionnaire chinois au ii⁰ siècle de notre ère ; mais je ne suis
pas parvenu à le faire.

2. Il mourut la douzième lune de la première année *yong-k'ang*, c'est-à-dire en l'an 167
de notre ère.

3. L'empereur Hoan mourut sans laisser de fils ; on dut aller chercher son successeur
dans le Ho-kien et pendant vingt-quatre jours il n'y eut pas de souverain dans la capitale. C'est pourquoi les chefs de la police durent exercer une surveillance sévère afin de
prévenir les coups de main.

4. La porte *hiuen-ou* était la porte nord du palais. Elle était ainsi appelée parce qu'elle
était censée correspondre à la constellation du même nom. Il est à remarquer que *hiuen-
ou* ne signifie pas le « guerrier noir » mais la « tortue noire ».

Depuis le règne de K'ang Hi qui avait pour nom propre Hiuen, ce mot est frappé de
tabou ; aussi appelle-t-on maintenant la porte nord du palais Chen-ou-menn 神武門 .

5. Ou Jong était le second fils de Ou K'ai-ming et le frère cadet de Ou Pan.

« brave. Au dedans, il fut occupé dans trois administrations ; au de-
« hors... les soldats... il sortit pour protéger le pays. L'ancien prestige...
« guerrier. Les étendards et les drapeaux sont rouges comme le ciel ;
« c'est le bruit du tonnerre ; c'est la lueur de l'éclair ; il a répandu son
« éclat d'une manière terrible ; hautement s'élève son cri comme celui
« du tigre. Il devait donc être la jambe et le bras du souverain, le pre-
« mier appui (de l'État) ; pourquoi le Ciel ne l'a-t-il pas protégé et a-t-il
« envoyé ce... mal ? Nous regrettons notre sage. Il était bon et cepen-
« dant il n'eut pas une longue vie. Ses dignités ne répondirent pas à sa
« vertu ; ses fonctions ne furent pas proportionnées à son mérite. Tous
« sont affligés et frappés de douleur. Ceux qui sont loin et ceux qui sont
« près sont dans le deuil ; il est mort... dix mille générations penseront
« à lui et le loueront. »

Si nous réunissons les données qui nous sont fournies par cette inscription, celle d'Ou Pan, celle du pilier de pierre et celle d'Ou Léang,
nous pouvons rattacher les uns aux autres les faits suivants :

La famille Ou avait des prétentions d'antique noblesse ; comme le
mot *ou* signifie *guerre*, elle faisait remonter son origine au belliqueux
empereur Ou-ting de la dynastie Yn. Elle était riche et, en 147 après
J.-C., les quatre frères Ou Ché-kong, Ou Soei-tsong (nom propre Léang),
Ou King-hing et Ou K'ai-ming élevèrent en l'honneur de leur père et du
fils de l'un d'eux une sépulture si belle qu'on la prit plus tard pour une
tombe de la famille impériale.

Le second des quatre frères, Ou Léang, mourut vers l'an 151 après
J.-C. Ses trois fils, Ou Tchong-tchang, Ou Ki-tchang et Ou Ki-li et son
petit-fils Ou Tse-kiao dépensèrent de très fortes sommes pour lui construire un monument funéraire.

Le frère cadet de Ou Léang, Ou K'ai-ming, était général exerçant en
second le commandement militaire[1] de la province de Ou. Il eut la dou-

---

1. Il avait le titre de *kiun-tch'eng* 郡丞 , qui équivaut au grade actuel de *tsong-ping*
總兵.

leur de perdre l'aîné de ses fils, Ou Pan, au moment où ce dernier paraissait appelé aux plus hautes destinées.

Ou Pan, en effet, s'était fait remarquer dès sa jeunesse par ses grandes connaissances littéraires. Mais, suivant les traditions en honneur dans sa famille, il avait pris le métier des armes. Lorsqu'il atteignit l'âge de vingt-cinq ans, il fut recommandé à l'empereur qui lui confia le commandement militaire du Toen-hoang. Ce district, le plus occidental de l'empire, était un poste d'honneur, car c'était le boulevard qui s'opposait aux invasions des nomades Hiong-nou, toujours prêts à se précipiter sur la Chine. Ou Pan eut en effet à les combattre ; il réussit à les vaincre ; mais cette campagne avait épuisé ses forces ; en 145 après J.-C., au moment où il allait être récompensé de ses succès, il mourut âgé d'à peine trente ans.

Ou Jong était le second fils de Ou K'ai-ming et le frère cadet de Ou Pan. Il se distingua d'abord par ses qualités littéraires. A l'âge de trente-six ans, il fut recommandé à l'empereur Hoan qui le nomma d'abord capitaine de ses gardes, puis lui donna la charge de sous-directeur de la police de la capitale. A la mort du souverain (167 ap. J.-C.), on dut faire venir son successeur d'une province éloignée et le trône resta vacant pendant vingt-quatre jours ; la surveillance dut être faite avec une sévérité exceptionnelle pour prévenir les troubles ; Ou Jong se fatigua beaucoup, tomba malade et mourut, selon toute vraisemblance, en l'an 169 de notre ère.

La chambrette du pseudo-Ou Léang appartenait sans doute à la sépulture d'un de ces personnages, probablement à celle de Ou Pan.

En outre, parmi les pierres que Hoang I exhuma, il y en a deux qui représentent des objets merveilleux de bon augure. Si on les mesure, on constate qu'elles ont pour longueur celle même de la pierre qui faisait le fond de la chambrette du pseudo-Ou Léang ; de plus, elles s'appliquent exactement en largeur sur chaque côté du pignon des deux dalles latérales. L'auteur du *Chan-tso-kin-ché-tché* [1] a donc fort ingé-

1. Cet auteur n'est autre que Wong Fang-kang, celui-là même dont nous avons traduit

nieusement supposé que ces deux dalles constituaient le toit de la chambrette.

Les groupes de pierres découverts en avant et à l'est des piliers paraissent être les débris d'édicules semblables. L'analogie des scènes qui sont représentées sur ces pierres avec les bas-reliefs du pseudo-Ou Léang donnent tout lieu de croire que ces chambrettes datent de la même époque et faisaient partie de sépultures de la même famille.

Le groupe situé en arrière des piliers est plus hétérogène ; à vrai dire, les cinq dernières dalles sont pareilles à celles des autres tombes ; mais les cinq premières retracent des scènes entièrement différentes ; le sculpteur qui les a gravées s'est inspiré de la mythologie plus que de l'histoire, du taoïsme plus que du confucianisme. D'ailleurs, aucune de ces pierres n'a de pignon et rien ne prouve qu'elles aient fait partie de monuments funéraires tels que celui du pseudo-Ou Léang.

IV

Outre les sculptures qui sont réunies au pied de la montagne Ou-tche, on ne trouve guère dans le Chan-tong qu'un seul groupe important de bas-reliefs. Ce sont huit dalles[1] qui sont sur la hauteur appelée le Hiao-t'ang-chan[2], à 60 *li* au nord-ouest de la sous-préfecture de Fei-tch'eng[3], dans la province de Chan-tong.

Les auteurs du *Kin-ché-souo* les reproduisent et les placent entre une inscription de l'an 54 avant notre ère et une autre de l'an 7 après notre

une inscription célébrant les découvertes de Hoang I (cf. section VII de la présente Introduction).

1. Les auteurs chinois comptent dix bas-reliefs (plus un bas-relief trouvé après les autres), parce que, pour trois dalles, ils considèrent qu'il y a deux bas-reliefs dans chacune d'elles.

2. 孝堂山.

3. 肥城縣.

ère; ils paraissent donc les rapporter à la dynastie des premiers Han; mais ils ne fournissent aucune raison propre à légitimer ce jugement.

Wang Tch'ang, l'auteur du *Kin-ché-tsoei-pien*, ne les reproduit pas, mais les décrit minutieusement; il les met entre une inscription de l'an 125 de notre ère et une autre de l'an 137; en effet, on lit sur ces dalles une inscription[1] datée de la quatrième année *yong-kien* (129 ap. J.-C.); elles sont donc nécessairement plus anciennes. Cependant, comme la facture de ces bas-reliefs rappelle les tombes de la famille Ou, Wang Tch'ang les attribue à l'époque la plus rapprochée possible de celle où furent élevées ces sépultures, c'est-à-dire qu'il les date du commencement du ii° siècle de notre ère. C'est l'opinion à laquelle nous nous rangeons.

Pendant longtemps les érudits chinois ont cru pouvoir préciser mieux l'âge et la destination de l'édifice dont ces bas-reliefs sont les ruines. Ils y voyaient en effet les restes de la tombe d'un certain Kouo Kiu[2] qui vécut dans le ii° siècle de notre ère et se rendit célèbre par sa piété filiale. Mais une critique plus rigoureuse a montré l'inanité de ce rapprochement : en premier lieu, Kouo Kiu paraît avoir vécu plus tard qu'en 129 de notre ère ; — en outre, il était fort pauvre ; comment lui aurait-on élevé une sépulture magnifique ? — enfin, comme dans les sculptures des tombes de la famille Ou, quelques-unes des scènes des bas-reliefs doivent sans doute représenter des événements de la vie du mort ; si cette hypothèse est exacte, ce défunt a été un haut personnage, car les cortèges où il doit figurer sont princiers ; comment cela s'accorderait-il avec ce que nous savons de Kouo Kiu qui était dans une condition très humble ?

Si cette sépulture n'est pas celle de Kouo Kiu, il est vrai, du moins, qu'elle était celle d'un saint homme ; plusieurs inscriptions gravées sur les dalles à diverses époques prouvent qu'on venait à ce lieu comme à

1. Planche XLI.
2. Cf. Mayers, *Chinese Reader's Manual*, n° 303.

un pélerinage renommé pour demander des faveurs au génie de la tombe ou pour le remercier de ses bienfaits.

Les bas-reliefs de Hiao-t'ang-chan sont les débris d'une chambrette funéraire analogue à celle du pseudo-Ou Léang. Elle était de dimensions plus grandes, car elle avait environ 3^m,40 de long sur 2 mètres de profondeur et de 1^m,10 à 1^m,50 de hauteur. Les sujets qui y sont traités sont le plus souvent inexplicables, vu l'absence de toute légende écrite ; ils offrent cependant parfois de l'analogie avec ceux des tombes de la famille Ou [1]. L'exécution matérielle ne me paraît pas avoir un caractère d'archaïsme plus prononcé et je remarque au contraire une science de la perspective peut-être plus développée que dans les bas-reliefs du pied de la montagne Tse-yun. Sans doute les attitudes des chevaux, qui lèvent presque tous la patte gauche de devant, manquent de variété, mais le sculpteur a bien su faire voir simultanément les deux roues d'un char ou représenter des personnages de face, toutes choses qui sont des tours de force pour un art dans l'enfance. Les pierres du Hiao-t'ang-chan sont gravées en creux, tandis que celles que nous avons précédemment étudiées étaient en relief.

Les sculptures des tombes de la famille Ou et celles du Hiao-t'ang-chan exceptées, il est aisé de faire le catalogue des autres bas-reliefs de l'époque des Han dans la province de Chan-tong : une dalle[2] représentant la visite de K'ong-tse (Confucius) à Lao-tse, se trouvait auprès de la chambrette du pseudo-Ou Léang et a été transportée par Hoang I dans la Salle des Études à Tsi-ning-tcheou ; — deux dalles, sur l'une desquelles est dessinée la visite de K'ong-tse à Lao-tse, sont dans la sous-préfecture de Pao-yng[3] ; — trois dalles, sur l'une desquelles on voit le duc de Tcheou aidant le roi Tch'eng à gouverner, sont dans le village de Lieou[4],

1. Ainsi planche XL et planche XXIII ; — le dieu du tonnerre sur la planche XXXIX comme sur les planches XXXI et XXXII ; — le roi Tch'eng sur la pianche XXXIX comme sur la planche XXVIII.

2. Voyez planche XXXV.

3. 寶應縣.

4. 劉村. La planche XLIII reproduit une de ces pierres.

sous-préfecture de Kia-siang ; — deux petites dalles reproduites en
partie dans le *Kin-ché-souo* (t. IV du *Ché-souo*), sont dans le village de
Tsiao-tch'eng [1], sous-préfecture de Kia-siang [2].

Le caractère commun de tous ces bas-reliefs est qu'ils représentent
peu de personnages ou d'événements contemporains et qu'ils sont sur-
tout des illustrations de l'histoire ou de la mythologie ; on comprend
dès lors que les artistes aient été rarement amenés à s'inspirer de la
réalité qu'ils avaient sous les yeux et à faire œuvre originale ; de même
que les annalistes chinois copient mot pour mot les récits qu'ils trouvent
chez leurs prédécesseurs, ainsi les sculpteurs reproduisent fidèlement
les uns après les autres la mise en scène qui est de tradition pour la
représentation de telle ou telle anecdote.

V

Les bas-reliefs conservés dans la province de Chan-tong sont presque tout ce qui nous reste de l'art antique chinois ; cependant un monument et plusieurs textes écrits prouvent que cet art fut plus ancien et
plus répandu qu'on ne serait tenté de le croire tout d'abord.

Un certain Wang I-chao raconte qu'à Tch'eng-tou, capitale de Se-
tch'oan, se trouve une chambre en pierre élevée à la mémoire de Wen
Wong ; sur les parois sont représentés les trois souverains et les cinq
empereurs que l'on dit avoir régné avant toute dynastie, les sages des
trois dynasties Hia, Yn et Tcheou ainsi que les soixante-dix disciples
de K'ong-tse [3].

1. 焦城村.
2. On possède en outre vingt-cinq bas-reliefs des chambres de pierre de la sépulture
de Tchou Tch'ang-chou 朱長舒. Mais ils ne paraissent pas dater vraiment de l'époque
des Han (cf. *Kin-ché-tsoei-pien*, chap. XXI *ad finem*).
3. Ce texte est cité par Wong Yuen-k'i 翁元圻 dans le commentaire qu'il écrivit en

Wen Wong était, sous le règne de l'empereur King (156 à 140 av. J.-C.), gouverneur du pays de Chou, lequel correspond à la province de Se-tch'oan ; il se rendit célèbre en civilisant cette contrée encore barbare et en y faisant pénétrer l'étude de la littérature chinoise. Les bas-reliefs qui ornaient son tombeau étaient, d'après la description qu'en fait Wang I-chao, fort semblables à ceux du Chan-tong. Ainsi, au II⁰ siècle avant notre ère, l'art de la sculpture sur pierre avait pénétré jusque dans les provinces les plus reculées de la Chine et s'inspirait déjà des mêmes motifs que trois siècles plus tard.

Un autre texte fort curieux nous apprend que cet art, non seulement existait 200 ans avant J.-C., mais encore qu'il ne se restreignit point à la décoration des tombes et remplit de ses œuvres des édifices qui n'avaient rien de funéraire. Ce texte se trouve dans un petit poème composé par Wang Wen-k'ao ¹ ; cet auteur a une biographie très courte, car il se noya à l'âge de vingt ans en traversant la rivière Siang. Il était fils d'un célèbre lettré, Wang I, qui vivait dans la première moitié du II⁰ siècle de notre ère. Wang Wen-k'ao étant venu dans le pays de Lou, c'est-à-dire dans la province actuelle de Chan-tong, pour y faire ses études, vit le Palais de la Clarté surnaturelle que le roi Kong, fils de l'empereur King (156 à 140 av. J.-C.), avait fait construire dans la seconde moitié du II⁰ siècle avant notre ère ; il en écrivit une description rythmée qui est un monument très intéressant de la poésie chinoise :

1825 au *K'oen-hiué-ki-wen* 困學紀開 de Wang-Yng-lin 王應麟, chap. xx, p. 1 rᵒ, de cette édition du *K'oen-hiué-ki-wen* : 王逸少帖云成都有學文翁高朕石室及漢太守張收畫三皇五帝三代君臣與仲尼七十弟子 … etc.

1. La vie de Wang Wen-k'ao 王文考 (dont le nom propre était Yon Cheou 延壽) tient dans quelques lignes de la soixante-dixième monographie (*lié-tchoan*) des livres des Han postérieurs. On trouvera le petit poème qu'il composa à la fin du onzième chapitre de l'édition du *Wen-siuen* (extraits de littérature) donnée en 1809 par Hou K'o-kia ; le titre de cette édition est 羽刻宋本文選. Le poème s'appelle : Description poétique du Palais de la Clarté surnaturelle, dans le pays de Lou, 魯靈光殿賦.

4

c'est une petite pièce travaillée et ouvrée avec le plus grand soin ; on y remarque une recherche constante des termes techniques et rares, une singulière exactitude dans les détails les plus minimes. Le souci que cet auteur a de la précision permet à l'archéologue de trouver chez lui plusieurs renseignements. Or, après avoir célébré avec minutie l'architecture du Palais de la Clarté surnaturelle, Wang Wen-kao dépeint l'ornementation en ces termes :

« Des barbares, très haut, sont en foule sur les poutres supérieures ; ils paraissent observer les convenances en s'agenouillant et ils se regardent les uns les autres ; ils relèvent leur grosse tête et ont le regard fixe du vautour ; ils ont une tête énorme avec des orbites profondément enfoncées et ils ouvrent de grands yeux ; ils ont l'air de gens qui sont dans un endroit périlleux et ils ont peur ; saisis d'effroi, ils froncent les sourcils et ils sont pleins d'inquiétude.

« Des êtres divins sont tout au sommet, sur le faîte ; une femme de jade regarde la fenêtre et dirige ses yeux en bas.

« Soudain la vue se trouble par la multitude des bruits et des formes, comme s'il y avait là des démons et des esprits.

« On a représenté toutes les espèces et les foules d'êtres qui sont dans le ciel et sur la terre, les objets les plus divers, les merveilles les plus étranges, les dieux des montagnes, les esprits des mers. On a tracé leurs images. En se servant des couleurs rouges et bleues on a représenté les mille figures et les dix mille transformations. Chaque chose a sa place et sa nature ; grâce à la couleur, chacune ressemble à son espèce ; par l'art on a exprimé leur essence.

« En haut, on remonte jusqu'à la grande séparation[1] et au début de la plus lointaine antiquité : voici les cinq dragons à deux ailes, Jen-hoang avec ses neuf têtes, Fou-hi et son corps couvert d'écailles, Niu-koua et son buste qui se terminent en forme de serpent. Le chaos est vaste et informe ; son apparence est celle d'une matière brute et non travaillée.

1. La grande séparation est l'époque où le chaos primordial fut divisé pour former le ciel et la terre.

« Et voici que, brillants de lumière, apparaissent Hoang-ti, T'ang et
Yu ; il se servent du char *hiuen* et du chapeau *mien* ; leurs manteaux et
leurs robes sont des vêtements distincts.

« En bas, on arrive aux trois dynasties [1] : voici les favorites impériales
et les chefs de rébellions, les sujets fidèles et les fils pieux, les hommes
éminents et les femmes vertueuses. Les sages et les sots, les vainqueurs
et les vaincus, il n'y en a pas qui ne soit mentionné là. Les mauvais
exemples sont destinés à détourner le monde du mal ; les bons, à ensei-
gner la postérité. »

En lisant cette description, on remarque plusieurs passages qui pourraient s'appliquer aux bas-reliefs des tombes de la famille Ou. On y
retrouve en effet les barbares à grosse tête (pl. XXXI, 3ᵉ reg.), les
génies des mers (pl. XXIX, 1ᵉʳ reg.), les dragons ailés (pl. XXX,
XXXI, XXXII, XXXIII), Fou-hi et Niu-koua (pl. III, XXIV, XXXIII),
les anciens souverains de la Chine (pl. III), les hommes qui ont
accompli des actions extraordinaires et les femmes vertueuses (pl. III,
IV, V, etc.).

D'autres textes prouvent que, sous les Han postérieurs, il y eut dans le
Chan-tong beaucoup de sépultures fort semblables à celles de la famille
Ou. Li Tao-yuen [2], dans son commentaire au « Livre des cours d'eau »,
dit : « A Kin-hiang se trouve la tombe du général Lou Kong ; devant la
tombe est un sanctuaire en pierre sur les quatre parois duquel sont
gravées les images de tous les sujets dévoués, des fils pieux et des
épouses fidèles qui ont existé depuis qu'on écrit jusqu'à nos jours ; on
y voit aussi K'ong-tse et ses soixante-douze disciples. »

La sous-préfecture de Kin-hiang est située au sud de celle de Kia-siang,

1. Les Hia, les Yn et les Tcheou.
2. Li Tao-yuen 酈道元 fit un commentaire du *Chooi-king* 水經注. Le passage
ci-dessus est cité par Hong Kouo (v. *Kin-ché-tsouei-pien*, chap. XXI, p. 37 r°) ; il est ainsi
conçu : 金鄉有司隸校尉魯恭冢冢前有石祠自書契
以來忠臣孝子貞婦孔子及七十二弟子形像皆刻
之四壁.

et dépend comme elle de Tsi-ning-tcheou ; d'autre part, le personnage dont il est question ne s'appelait pas Lou Kong, comme le dit par erreur Li Tao-yuen, mais Lou Kiun [1] ; nous avons une stèle gravée en son honneur : elle nous apprend qu'il mourut en l'an 173 de notre ère. Le lieu et l'époque sont fort rapprochés du lieu et de l'époque où furent élevées les tombes de la famille Ou.

Li Tao-yuen dit ailleurs [2] : « Au sud du Hoang-ho est la tombe de Li Kang, lequel fut préfet de King-tcheou sous la dynastie des Han. Kang avait pour surnom I-chou ; il était originaire de Kao-p'ing, dans le département de Chan-yang ; il mourut la première année *hi-p'ing*, comme on peut le voir sur sa stèle. Il y a des piliers de porte en pierre et trois chambres de pierre qui forment un sanctuaire ; sur les quatre parois on a gravé en creux des princes et des sujets, des fonctionnaires et des hommes du peuple, des ornements qui sont des tortues, des dragons, des ki-lin et des phénix, des images d'oiseaux volants et de quadrupèdes marchants. »

La première année *hi-p'ing* correspond à la date 172 de notre ère ; d'autre part, nous savons par une autre citation de Li Tao-yuen faite par Hong Kouo [3] que la tombe de Li Kang se trouvait à Kiu-yé, localité située entre les sous-préfectures de Kia-siang et de Kin-hiang, tout près de l'endroit où sont les tombes de la famille Ou.

Un monument unique atteste, comme le premier des textes précités l'établissait déjà, que l'art de la sculpture sur pierre se répandit hors de la province de Chan-tong. On voit en effet dans la sous-préfecture de Tch'eng, qui est dans la province de Kan-sou, presque à la frontière de

1. 魯峻. On trouvera la stèle qui le concerne au chap. xv du *Kin-ché-tsoei-pien*.
2. Ce passage est cité dans le commentaire de Wong Yuen-k'i au *K'oon-hiué-ki-wen*, chap. xx, p. 4 r° : 黃水南有漢荊州刺史李剛墓剛字毅叔山陽高平人熹平元年卒見於碑有石闕祠堂石室三閒四壁隱起雕刻爲君臣官屬龜龍麟鳳之文飛禽走獸之像.
3. *Kin-ché-tsoei-pien*, chap. xxi, p. 37 r°.

Se-tch'oan, une stèle où sont gravés cinq objets merveilleux de bon augure [1]. Cette stèle fut élevée en l'honneur d'un certain Li Si [2] ; ce personnage nous est connu par deux inscriptions très louangeuses [3] et par un paragraphe peu flatteur de l'histoire des Han postérieurs ; il est probable que l'historien fut plus impartial et on peut croire que Li Si ne ne fut pas un fonctionnaire exempt de tout reproche. Il réussit cependant à se faire décerner de grands éloges puisqu'on prétendit que, sous son administration, des phénomènes extraordinaires avaient apparu comme des marques de la satisfaction céleste, et que le bas-relief fut gravé pour célébrer précisément ces prodiges. Cette sculpture est datée de la quatrième année *kien-ning*, c'est-à-dire de l'an 171 de notre ère.

Ainsi, l'art de la sculpture sur pierre apparaît en Chine dès le II° siècle avant notre ère ; il atteint son apogée au II° siècle de notre ère et c'est dans le Chan-tong qu'il produit ses œuvres les plus remarquables en décorant soit les palais des rois, soit les sépultures des gens riches. Cependant il s'est aussi manifesté dans d'autres provinces.

VI

Quoique tous les monuments les plus anciens aient disparu, il est essentiel cependant de savoir par des textes écrits qu'il en existait dès le règne de l'empereur King, c'est-à-dire avant qu'on puisse constater l'établissement de rapports entre la Chine et les contrées occidentales. Cette considération enlève en effet tout fondement à la théorie de certains auteurs européens qui ont prétendu que cet art était une importation de l'Occident. Puisque cette théorie est ainsi réduite à l'état de

---

1. Cette stèle est reproduite dans le *Kin-ché-souo* (*Ché-souo*, vol. II).
2. 李翕.
3. On les trouvera dans le *Kin-ché-tsoei-pien*, chap. xiv. Cf. aussi *Ché-souo*, vol. II.

pure hypothèse, y a-t-il du moins quelque raison d'admettre une pareille supposition ?

On invoque la ressemblance qui, dit-on, doit frapper l'observateur entre les bas-reliefs de Chan-tong et certaines sculptures de l'Égypte ou de la Babylonie. M. Paléologue[1] a déjà fait justice de cet argument : « Les caractères communs, dit-il, que présentent certaines figurations plastiques de ces deux civilisations, qui furent si éloignées dans le temps comme dans l'espace, proviennent de cette loi qui impose à tous les arts naissants les mêmes procédés et les mêmes conventions, parce que, dans son inexpérience, l'esprit humain, à son éveil, est soumis aux mêmes conditions, a partout les mêmes ressources et les mêmes exigences expressives. » Cela est tellement vrai que si les uns croient voir dans les bas-reliefs de Chan-tong des réminiscences de l'art chaldéen, M. Douglas y a manifestement aperçu une inspiration égyptienne ; il l'a même si bien discernée qu'il a pris un arbre pour un obélisque[2]. En fait, on découvrira des rapports entre les premiers essais artistiques de tous les peuples parce que partout les mêmes causes produisent les mêmes effets ; mais il faut se rappeler que, par un corollaire de ce même principe, ressemblance n'implique pas filiation.

Si l'argument de ceux qui invoquent les caractères extrinsèques de l'œuvre pour établir la parenté de l'art chinois avec l'art assyrien est sans valeur, on ne peut pas donner beaucoup plus de crédit à ceux qui se fondent sur les caractères intrinsèques, c'est-à-dire sur la nature même des sujets représentés[3].

Les scènes qui se déroulent sur les bas-reliefs de Chan-tong peuvent être distinguées en deux groupes : les unes sont historiques, les autres sont mythologiques.

Les scènes historiques commencent par les époques légendaires et

1. *L'Art chinois*, p. 138.
2. Voyez plus loin l'explication de la planche XVIII, 1er registre.
3. Le seul argument précis que j'ai pu découvrir est celui de M. Terrien de Lacouperie qui compare l'arbre du calendrier au dattier sacré des Assyriens. J'ai réfuté cet argument dans l'explication de la planche XVIII.

nous voyons Fou-hi et Niu-koua avec leurs corps de dragon ou de serpent, puis les anciens souverains Tchou-jong et Chen-nong ; les cinq
empereurs Hoang-ti, Tchoan-hiu, Ti-k'ou, Yao et Choen ; Yu, le fonda-
teur de la première dynastie, et Kié, celui qui la perdit. D'autres séries
représentent les personnages qui se sont illustrés par leur piété filiale,
ou les hommes assez hardis pour avoir osé attenter à la vie des princes,
ou les femmes qui ont eu une vertu exemplaire. Ailleurs on remarque
un incident qui se passa sous le règne de Ts'in Ché-hoang-ti, la pêche
du trépied sacré dans la rivière Se. Enfin on voit gravés sur la pierre
les principaux événements auxquels fut mêlé le défunt.

Toutes ces sculptures sont un commentaire des écrits historiques ; il
semble que l'artiste ait eu sous les yeux les annales chinoises tant il
exprime fidèlement les moindres détails des récits que nous retrouvons
dans les livres ; parfois même le texte explicatif qu'il met dans un cartouche à côté de son personnage est la reproduction mot pour mot d'un
passage de Se-ma Ts'ien ou de quelque autre chroniqueur. En outre,
les groupes de sujets sont formés de la manière dont les Chinois, et les
Chinois seuls, ont l'habitude de classer les faits ; ainsi les séries représentant des femmes vertueuses ont pour équivalent dans la littérature
le *lié-niu-tchoan*[1] de Lieou Hiang ou celui de l'histoire des T'ang ; les
processions des fils pieux correspondent au *hiao-tse-t'ou*[2] de Lieou
Hiang ou au *hiao-tchoan*[3] de T'ao Ts'ien ; et enfin on pourrait prendre
les scènes des assassins célèbres pour illustrer le soixante-seizième chapitre des Mémoires historiques de Se-ma Ts'ien. Il est donc bien impossible d'admettre ici une inspiration étrangère.

Quant aux scènes de pure fantaisie, elles sont, par leur nature même,
moins faciles à rapprocher de la littérature. Mais, si nous renonçons à
découvrir dans quelle batrachomyomachie chinoise le sculpteur a pris

1. 列女傳 par Lieou Hiang 劉向 et chapitre çxxx du *Sin-t'ang-chou*. Il y a d'ailleurs une foule d'autres ouvrages analogues.

2. 孝子圖.

3. 孝傳 par T'ao Ts'ien 陶潛.

l'idée de poissons, grenouilles, rats et tortues armés en guerre
(pl. XXIX), ou dans quel conte bleu il a vu l'histoire de l'ogre qui dévore
des enfants (pl. XXXI), nous remarquons cependant bien des détails qui
ne s'expliquent que par la mythologie chinoise et ne rappellent aucune
légende occidentale. Le lièvre qui pile des drogues médicinales dans
un mortier (pignon de la pl. XXXVIII), le dieu du tonnerre se démenant
dans un char traîné par des enfants (pl. XXXI, XXXII, XXXIX), le
dieu de la Grande Ourse assis au centre de sa constellation (pl. XXXII)
en sont des exemples.

Après être arrivé à cette conclusion que l'art de la sculpture sur
pierre eut, en Chine, trois ou quatre siècles de développement original
avant le bouddhisme, nous sommes obligé de reconnaître que ces
artistes se montrèrent singulièrement peu inventifs. A trois siècles de
distance, les sculptures du Palais de la Clarté surnaturelle et celles des
tombes de la famille Ou ont dû être presque identiques ; dans les quelques bas-reliefs mêmes qui nous ont été conservés, on signale la servilité
avec laquelle l'artiste observe la tradition [1]. Qu'y a-t-il d'étonnant si ce
frêle souffle a complètement disparu devant la puissante inspiration
venue de l'Inde ? Il valait la peine cependant de chercher à reconstituer
l'histoire de cet art qui, chose peut-être unique dans l'histoire, fut, dès
ses débuts, indépendant de toute religion et qui ne fut le plus souvent
que l'expression figurée de la morale enseignée par l'histoire.

VII

Pour terminer cette Introduction, nous dirons quelques mots des

[1]. Comparez la scène de K'ing K'o tentant d'assassiner le roi de Ts'in dans les planches III, 3e registre, 3e scène ; — XVI, 1er registre ; — XXIV, 2e registre ; — ou la scène
de la pêche du trépied dans les planches XXIII et XL ; — ou le jeune roi Tch'eng dans
les planches XXVIII, XXXIX et XLIII ; — ou Fou-hi et Niu-koa dans les planches III,
1er registre, 1er panneau ; — XXIV, 3e registre et XXXIII, 2e registre.

principaux recueils épigraphiques chinois qu'on peut consulter sur ce
sujet :

Ngeou-yang Sieou 歐陽修 (surnom Yong-chou 永叔), qui vécut
de 1017 à 1072, publia un livre intitulé : Les anciennes inscriptions
rassemblées 集古錄. Il ne parle pas des bas-reliefs de la famille Ou,
mais il mentionne la stèle de Ou Pan. Tout en la déclarant trop endommagée pour être lisible, il y découvrit cependant la date de la première
année *kien-ho* (147 ap. J.-C.).

Tchao Ming-tch'eng 趙明誠 (surnom To-fou 德父) fit un recueil
épigraphique intitulé : Inscriptions sur métal et sur pierre 金石錄.
Il y donne cinq planches des bas-reliefs de la famille Ou, mais il ne cherche pas à en déchiffrer les cartouches. Il attribue les bas-reliefs du
Hiao-t'ang-chan à la sépulture de Kouo Kiu. Li Ts'ing-tchao 李清照,
femme de Tchao Ming-tch'eng, copia l'ouvrage de son mari en y faisant
quelques additions et, vers l'année 1147, le présenta à l'empereur.

Hong Kouo 洪适 (surnom King-po 景伯), publia en 1167 un recueil
intitulé : Explication des caractères *li* 隸釋, où il reproduisit les
mêmes planches que son prédécesseur, mais en y ajoutant l'explication
des cartouches. Il revint sur ce sujet dans sa Suite au Recueil des caractères *li* 隸續, qu'il publia à diverses époques, de 1168 à 1180.

Wong T'an-si 翁覃谿 (surnom Fang-kang 方綱) publia, immédia-
tement après les découvertes de Hoang I, un ouvrage intitulé : Recueil
des inscriptions sur métal et sur pierre des dynasties Han 兩漢金石
記. Il prouve que les bas-reliefs du Hiao-t'ang-chan ne peuvent pas
avoir appartenu à la tombe de Kouo Kiu. Il décrit les sculptures des
tombes de la famille Ou, mais ne parle pas encore des chambres de
gauche, lesquelles ne furent découvertes que quelques années plus
tard. Nous avons traduit, à la II° section de cette Introduction, l'inscription que Wong Fang-kang fit pour célébrer les découvertes de
Hoang I.

Yuen Yuen 阮元 (surnom Yun-t'ai 芸臺), qui vécut de 1763 à 1850
donna la première description complète des bas-reliefs du Hiao-t'ang-

5

chan et des tombes de la famille Ou, dans son ouvrage intitulé : Recueil des inscriptions sur métal et sur pierre du Chan-tong 山左金石志. Il fut aidé par Tchou Wen-ts'ao 朱文藻 (lequel était né vers 1735 et était lui-même l'auteur du *Tsi-ning-king-ché-tché* 濟寧金石志).

Wang Tch'ang 王昶, né en 1723, travailla pendant cinquante années à un ouvrage considérable, le Recueil général des inscriptions sur métal et sur pierre, en 160 chapitres 金石萃編. Il le publia en 1805. On trouve au chapitre VII la description des bas-reliefs du Hiao-t'ang-chan ; au chapitre VIII l'inscription de la stèle de Ou Pan et l'inscription du pied du pilier ; au chapitre XII l'inscription de la stèle de Ou Jong ; au chapitre XIV les inscriptions relatives à Li Si ; au chapitre XX la reproduction et la description des trois pierres de la chambrette du pseudo-Ou Léang ; au chapitre XXI la description des pierres des chambres de gauche, celle des pierres des chambres antérieures, celles des planches d'objets merveilleux, celle de la première des pierres du village de Lieou, celle de la dalle où est représentée la visite de K'ong-tse à Lao-tse.

Fong Yun-p'ong 馮雲鵬 (surnom Yen-hai 晏海) et son frère cadet, Fong Yun-yuen 馮雲鵷 (surnom Tsi-hiuen 集軒) publièrent en 1822 un ouvrage intitulé : Recherche des inscriptions sur métal et sur pierre 金石索, en douze livres, dont six sont consacrés aux anciennes inscriptions ou gravures sur métal et six aux inscriptions ou gravures sur pierre. Les deux frères étaient originaires de T'ong-tcheou 通州 (dont l'ancien nom est Tch'ong-tch'oan 崇川) dans la province de Kiang-sou. Ils ont reproduit presque tous les bas-reliefs de l'époque des Han qui se trouvent dans la province de Chan-tong (*Ché-souo*, livres I, III et IV).

執金吾丞武榮碑

君諱榮字含和治魯詩經韋君章句闕幘傳講孝經論語漢

書史記左氏國語廣學甄微靡不貫綜久游大學貌然高屬

鯀於雙匹學優則仕為州書佐郡曹史主簿督郵五官掾功

曹守從事年三十六汝南蔡府君察舉孝廉　郎中遷執

金吾丞遭孝桓大憂屯守玄武感哀悲慟加遇害氣遭疾隕

靈　　君郎吳郡府卿之中子敦煌長史之次第也廉

孝相丞亦世載德德不忝　命　不覓台衡蓋觀德於

始述行於終於是刊石勒銘垂示無窮其辭曰

天降雄彥資才卓茂仰高鑽堅允文允武内幹三署外　師

旅　勒出守舊威　武旌旗絳天雷霆電舉敷燿赫然陵惟

哮虎當遂股肱之元輔天何不弔降此　咎痛乎我君仁

如不壽爵不副德位不稱功咸懷傷愴遠近同身沒

萬世諷誦

武斑碑

敦煌長史武君之碑

君諱斑字宣張，殷王武丁之冑，以王父字為氏焉。武氏位至長史，翁思精於國，綜典籍之精，於國。翁思幼少，少游文學，典籍之美，漢游文學。君友元福不舉，以純孝蒸蒸萬，蓋其後也。踈伐其方，朝忠臣。君幼門閭，顯聖洞關，詔研一呼，久疾遘厲，嗚呼哀哉。凱元嘉，積惡子外，隆光遷造，近伐幽微惟實，遠迹州郡，有高賢，王金劉向，朝廷遭本朝，敘河閒，聖與仁，左開右，思請比庸。

君以永嘉元年歲在丁亥二月庚午朔廿三日癸卯。

以王父字為氏，分析字宣張，殷昔以來，武氏爰自，馬武氏翁，凜之。

股肱降，庶幾仰扶翰助時，風志休，深微微，社稷所輕。上帝惟天，后帝降庶民，帝德遂徽，百姓賴之，歲時之。

休風凱元嘉，本朝，仰扶翰，助時暗勿忿組，迹。士女悽愴，噭強衰袤全，然顯宗不忘表是遲清，悲情此痛。

建和元年
故防東長嚴祺字伯魯 魯國
故陳留東昏令武下邳
右尚書令閣不忘武中下邳國緡
成豐紀防伯嚴祺字伯魯魯國緡

PLAN DE LA SALLE

OU SONT DISPOSÉS LES BAS-RELIEFS DES TOMBES DE LA FAMILLE OU.

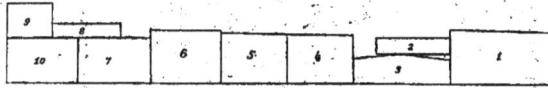

Fig. a - Mur Sud

Mur Est

Mur Ouest

Mur Nord

Porte

Mur Nord

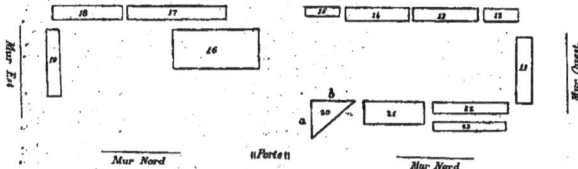

Fig. b - Intérieur de la Salle

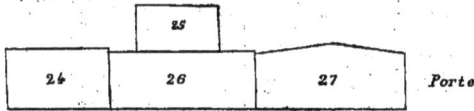

Fig. c - Mur Nord, partie Ouest

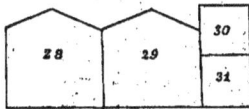

Fig d - Mur Ouest

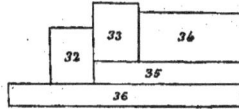

Fig. e - Mur Est

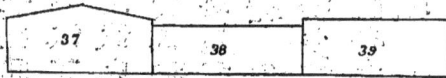

Fig. f - Mur Nord, partie Est

LÉGENDES

武梁碑

孝子仲章李章李立孝孫子僑躬脩子道竭家所有選擇名
石南山之陽攦取妙好色無斑黃前設壇埠後建祠堂良匠
衛改雕文刻畫羅列成行攄騁技巧委蛇有章

武氏石闕銘

建和元年大歲在丁亥三月庚戌朔四日癸丑孝子武始公
第綏宗景興開明使石工孟孚李弟卯造此闕值錢十五萬
孫宗作獅子直四萬開明子宣張仕濟陰年二十五曹府君
察舉孝廉除敦煌長史被病天沒苗秀下遂嗚呼哀哉士女
痛傷

EXPLICATION

DES

BAS-RELIEFS DE L'ÉPOQUE DES HAN

CONSERVÉS

DANS LA PROVINCE DU CHAN TONG

CHAPITRE PREMIER

LES SÉPULTURES DE LA FAMILLE OU

§ 1. — LES PILIERS DE PIERRE

Nous avons essayé de donner dans le croquis ci-joint une idée de la forme qu'ont les deux piliers placés à quelque distance en avant de la double sépulture de Ou Pan et de son grand-père. Ces piliers sont couverts de sculptures, mais sans qu'aucun cartouche indique ce qu'elles signifient. Nous ne reproduisons ici que deux des faces du pilier de l'ouest.

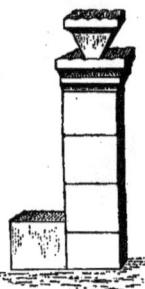

PLANCHE I

Face nord du pilier de l'ouest. L'estampage mesure 1ᵐ,54 de haut sur 0ᵐ,64 de large. Au bas se trouve l'inscription dont nous avons donné la traduction au commencement de la IIIᵉ section de l'Introduction.

PLANCHE II

Face sud du pilier de l'ouest.

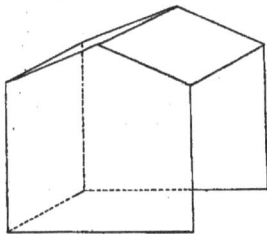

§ 2. — LA CHAMBRETTE DU PSEUDO-OU LÉANG.

Comme on le verra dans le croquis ci-joint, la chambrette funé-raire devait être tournée vers le nord ; elle était ouverte par devant et trois dalles suffisaient donc à en former les parois.

PLANCHE III

Première pierre de la chambrette du pseudo-Ou Léang. Cette pierre constituait le mur oriental. Elle se termine à sa partie supérieure, par un pignon sur chaque côté duquel était posée l'extrémité d'une des deux dalles qui formaient le toit. L'estampage reproduit ici a $1^m,13$ de haut sur $1^m,36$ de large ; on voit par là d'une manière approxi-mative quelles étaient l'élévation et la profondeur de la chambrette. Le pignon ne se trouve pas sur cette planche ; il est assez sem-blable à celui dont on lira plus loin la description (pl. XII).

Chambrette du pseudo Ou Léang

Cette pierre, abstraction faite du pignon, est divisée en quatre registres.

PREMIER REGISTRE. Ce registre est divisé en dix panneaux où sont représentés d'anciens souverains de la Chine.

1er *panneau*. — Le cartouche placé à gauche porte l'inscription suivante :

« Fou-hi Ts'ang-tsing fit le premier le métier de souverain; il traça « les trigrammes et noua des cordes de façon à bien gouverner le pays « compris à l'intérieur des mers[1]. »

Fou-hi est appelé aussi Ts'ang-tsing, c'est-à-dire l'Efficace de la végétation, parce que, d'après l'ancienne théorie des cinq éléments, il régna par la vertu du bois. Cette théorie peut cependant être entendue de deux façons : Se-ma Ts'ien, par exemple, admet que les éléments se succèdent en triomphant les uns des autres : la terre est vaincue par le bois, qui est vaincu par le métal, qui est vaincu par le feu, qui est vaincu par l'eau, et celle-ci à son tour est vaincue par la terre. Le principe de ce cycle est l'élément *terre* et le système historique fondé sur cette théorie commence avec Hoang-ti. D'autres auteurs, comme Lieou Hiang et Lieou Hin, admettent que les éléments se succèdent en se produisant l'un l'autre : le bois produit le feu, qui produit la terre, qui produit le métal, qui produit l'eau, et celle-ci à son tour produit le bois. L'élément *bois* est le principe de ce cycle et le système historique fondé sur cette théorie commence avec Fou-hi. On voit que le sculpteur a admis cette seconde version.

Fou-hi est le premier sur la liste des trois anciens souverains[2] de la Chine. On lui attribue l'invention des huit trigrammes qui servent de texte aux spéculations mystiques du Livre des Changements[3]. Il passe également pour avoir formé un système d'écriture dont les éléments étaient des cordes où on faisait certains nœuds.

Le bas-relief représente deux personnages qui ont un corps humain

1. 伏戲倉精初造王業畫卦結繩以理海內.
2. 三皇.
3. 易經.

et une queue de serpent. L'un d'eux, qui est Fou-hi, tient à la main une équerre; c'est avec cet instrument, dit-on, qu'il traça les trigrammes. Le personnage qui est en face de lui est probablement Niu-koa[1]; les historiens ne sont pas d'accord sur son sexe; la plupart cependant en font une femme. Son corps se terminait en forme de serpent, comme celui de Fou-hi en forme de dragon; le petit poème de Wang Wen-k'ao rappelle cette singulière tradition. Certains auteurs disent que Niu-koa fut un souverain qui succéda à Fou-hi; d'autres prétendent qu'elle était la femme ou la sœur de Fou-hi; c'est cette dernière supposition que paraissent accepter les sculpteurs du Chan-tong, puisqu'ils ne séparent jamais Fou-hi et Niu-koa.

2° *panneau*. — Le cartouche porte l'inscription suivante :

« Tchou-jong ne se livra à aucune action; il n'y avait encore ni désirs, « ni passions; on n'ordonnait pas encore de châtiments[2]. »

Tchou-jong n'est pas placé dans la liste des premiers souverains par la plupart des historiens chinois. Il est célèbre par sa lutte contre un autre personnage légendaire du nom de Kong-kong et, d'après le *Kin-ché-souo*, il serait représenté sur le bas-relief dans une posture de combattant. Voici ce que Se-ma Tcheng[3] rapporte sur cet épisode dans ses Annales des trois souverains : « Dans les dernières années de Niu-koa, il y eut parmi les seigneurs Kong-kong. Il abusa de son savoir et de sa puissance pour se faire obéir par la violence, mais il ne fut pas roi légitime. Comme l'eau produit le bois, il combattit avec Tchou-jong; il ne fut pas vainqueur; dans sa colère, il se précipita la tête la première contre la montagne Pou-tcheou et mourut. La colonne du ciel se rompit et les côtés de la terre se brisèrent. Niu-koa fondit alors des pierres de

---

1. 女媧.

2. 祝誦氏無所造爲未有耆欲刑罰未施. Le nom de Tchou-jong s'écrit le plus souvent 祝融.

3. Se-ma Tcheng 司馬貞, qui vivait au vinie siècle de notre ère, prétendit compléter les Mémoires historiques de Se-ma Ts'ien en les faisant précéder des Annales des trois souverains 三皇本記.

cinq couleurs afin de soutenir le ciel; il coupa les pattes d'une tortue
marine afin de supporter les quatre extrémités de la terre. Il se servit
de cendre de roseau pour arrêter les eaux débordées et pour rétablir
l'ordre dans la province de Ki. Puis, la terre étant calme et le ciel af-
fermi, il ne changea plus l'ancien ordre de choses. »

3ᵉ *panneau*. — Le cartouche porte l'inscription suivante :

« Chen-nong, voyant l'avantage qu'il y avait à labourer la terre, en-
« seigna aux agriculteurs à le faire et à semer les céréales; de cette ma-
« nière, il fit sortir de l'inaction les dix mille familles[1]. »

Chen-nong, dont le nom signifie « le laboureur divin », est représenté
sur ce bas-relief avec une bêche ou une houe à la main. Chen-nong, dit
Se-ma Tcheng (*op. cit.*), « tailla une pièce de bois pour en faire un soc;
il courba une pièce de bois pour en faire la flèche d'une charrue. L'usage
de la charrue et de la houe fut montré par lui à la foule des hommes. Il
fut le premier qui enseigna le labourage. »

4ᵉ *panneau*. — Le cartouche porte l'inscription suivante :

« Hoang-ti fit plusieurs innovations; il soutint des guerres; il creusa
« des puits dans les champs; il allongea les vêtements; il éleva des
« maisons[2]. »

Hoang-ti est représenté avec de longs vêtements, tandis que ses prédécesseurs ont une sorte de petite veste et des pantalons; il est coiffé
du chapeau à franges appelé le chapeau *mien*.

Les écrivains qu'on est convenu d'appeler taoïstes ont fait autour de
Hoang-ti une légende qui le transforme en un être miraculeux qui inventa l'alchimie et sut se rendre immortel[3]. D'après les auteurs d'un
jugement plus froid, il fut un des principaux promoteurs de la civilisation et posa les fondements de toutes les connaissances scientifiques.

5ᵉ *panneau*. — Le cartouche porte l'inscription suivante :

1. 神農氏因宜教田辟土種穀以振萬民.
2. 黃帝多所改作造兵井田垂衣裳立官宅

3. On trouve un écho de ces légendes dans le traité sur les sacrifices *fong* et *chan* de
Se-ma Tsien. Cf. pp. xxv et 66 de la traduction française de ce traité.

« L'empereur Tchoan-hiu n'est autre que Kao-yang ; il était petit-fils
« de Hoang-ti et fils de Tch'ang-i [1]. »

Ce texte se retrouve mot pour mot dans les Annales des Cinq Empereurs par Se-ma Ts'ien. L'historien ajoute : « Il était calme et profond
dans ses desseins ; son intelligence était claire et étendue et il compre-
nait tout. Il cultivait les plantes de la manière qu'il convient à la terre.
Il agissait suivant les saisons pour se conformer au ciel. Il obéissait
aux génies et aux dieux pour fixer la justice. Il dirigeait les influences
afin d'apprendre aux êtres à se perfectionner. Il accomplissait les sacrifices avec pureté et sincérité.

6e *panneau*. — Le cartouche porte l'inscription suivante :

« L'empereur K'ou n'est autre que Kao-sin ; il était arrière-petit-fils
« de Hoang-ti [2]. »

Ce texte est aussi dans les Mémoires historiques de Se-ma Ts'ien ; il
est suivi d'un panégyrique assez analogue à celui qu'on vient de lire.

7e *panneau*. — Le cartouche porte l'inscription suivante :

« Celui qui fut l'empereur Yao n'est autre que Fang-hiun ; sa bonté
« fut comme celle du Ciel ; son savoir fut comme celui d'un dieu ; de
« près, il apparaissait comme le soleil ; de loin, comme une nuée [3]. »

Ce texte est encore tiré de Se-ma Ts'ien. Yao est le plus ancien des
souverains dont il soit question dans le *Chou-king*.

8e *panneau*. — Le cartouche porte l'inscription suivante :

« L'empereur Choen avait pour petit nom Tch'ong-hoa ; il laboura
« sur la montagne Li ; pendant trois ans il cultiva la terre loin de son
« pays [4]. »

1. 帝顓頊高陽者黃帝之孫而昌意之子.

2. 帝俈高辛者黃帝之曾孫.

3. 帝堯放勳其仁如天其知如神就之如日望之如
雲.

4. 帝舜名重華耕扵曆山外養三年.

Le surnom de Tch'ong-hoa signifie « qui a une double pupille »; Peut-être Choen avait-il-les yeux bleus ?

Hoang-ti, Tchoan-hiu, Ti-k'ou, Yao et Choen ont tous, sur ces bas-reliefs, les mêmes vêtements et la même coiffure. Ce sont les cinq empereurs (五帝) qui précédèrent la dynastie des Hia. La liste des empereurs diffère suivant les historiens; mais celle qui est adoptée ici est celle même des Mémoires historiques de Se-ma Ts'ien.

D'autre part cependant, Se-ma Ts'ien ne parle pas des trois souverains (三皇) qui, d'après la tradition, régnèrent avant les cinq empereurs. Se-ma Tcheng, qui a voulu combler cette lacune, dit que les trois souverains étaient Fou-hi, Niu-koa et Chen-nong. D'après les bas-reliefs du Chan-tong, Fou-hi et Niu-koa ne devraient pas être séparés et auraient régné ensemble ; puis seraient venus Tchou-jong et Chen-nong.

9e *panneau.* — Le cartouche porte l'inscription suivante :

« Yu, de la dynastie des Hia, fut célèbre par sa science des veines et
« des sources du sol; il connaissait les choses cachées; il observait les
« époques pour bien régler les terres; il institua les mutilations comme
« châtiments [1]. »

Le célèbre « tribut de Yu », qui se retrouve avec quelques différences dans le *Chou-king*, dans les Mémoires historiques de Se-ma Ts'ien et dans l'Histoire des Han antérieurs de Pan Kou, a conservé la mémoire des prodigieux travaux d'hydrographie qui sont attribués à ce souverain. Yu est ici représenté avec un chapeau pointu; c'est la coiffure que les Rituels appellent *meou toei* 毋追. Il tient à la main un instrument aratoire.

10° *panneau.* — Le cartouche porte l'inscription :

« Kié, de la dynastie des Hia [2]. »

Kié est représenté avec une hallebarde à la main; il est assis sur les

---

[1]. 夏禹長扵地理脈泉知陰隨時設防退爲肉刑.
[2]. 夏桀.

épaules de deux femmes, car la tradition raconte qu'il se faisait ainsi porter.

Yu et Kié sont, le premier, celui qui fonda le second, celui qui termina la dynastie des Hia. Yu établit son pouvoir par les arts de la paix, tels que l'agriculture; Kié fut un mauvais souverain qui se perdit par ses débauches et ses guerres. Du rapprochement de ces deux personnages sort une leçon de morale.

DEUXIÈME REGISTRE. La description que nous en donnons commence par la droite.

1ʳᵉ scène. — Tseng San, qui naquit en 506 avant J.-C.[1], était remarquable par sa piété filiale; un homme qui portait le même nom que lui commit un meurtre; le bruit se répandit qu'il était coupable et on vint le dire à sa mère; celle-ci, qui était occupée à tisser, ne crut pas ce qu'on lui racontait et continua à travailler; une seconde personne lui fit le même rapport, mais elle ne quitta pas son ouvrage; lorsque le même récit lui fut répété pour la troisième fois, elle jeta sa navette.

La mère de Tseng-tse est représentée assise à son métier, le pied posé sur la pédale; elle se retourne en jetant à terre sa navette. Le personnage agenouillé est sans doute Tseng-tse qui arrive juste à temps pour dissiper le quiproquo.

Le cartouche supérieur porte l'inscription suivante :

« Tseng-tse était foncièrement pieux; c'est pourquoi il était en com-
« munication avec les dieux; il pouvait émouvoir les esprits du ciel et
« ceux de la terre. Il a rendu grande sa renommée auprès de la posté-
« rité; les générations qui l'ont suivi l'ont pris pour modèle afin de bien
« observer les règles essentielles[2]. »

Au bas du registre, on lit la phrase suivante :

1. Cf. Mayers, *Chinese Reader's Manual*, nº 739.
2. 曾子質孝以通神明貫感神祇著號來方後世凱
式以正樞綱.

« Lorsque la nouvelle calomnieuse arrive pour la troisième fois, la
« mère aimante jette sa navette [1]. »

2° *scène.* — Min Tse-k'ien (cf. Mayers, n° 503), qui fut un disciple de
Confucius, avait une marâtre qui le traitait fort durement et ne lui donnait en hiver que des vêtements très légers; il ne s'en plaignait pas; cependant, un jour qu'il conduisait le char de son père, il eut si froid que
son fouet lui tomba des mains. Son père s'irrita d'abord, mais ne tarda
pas à découvrir la cause de cette maladresse involontaire. Min Tse-
k'ien intercéda alors pour sa seconde mère et obtint qu'elle ne fût pas
renvoyée.

Sur le bas-relief, le cartouche de droite présente deux indications :
子騫後母弟 et 子騫父 ; nous apprenons par là que le person-
nage placé en avant du char est le frère cadet de Min Tse-k'ien, mais
le frère né d'une seconde femme, et que le personnage qui se retourne
est le père.

Le cartouche de gauche nous indique d'abord que l'homme à genoux
n'est autre que Min Tse-k'ien; puis viennent deux phrases de huit mots
assonancés :

« Il demeurait avec sa marâtre et celle-ci était partiale dans son affec-
« tion; les habits de Tse-k'ien étaient froids; en conduisant le char, il
« laissa tomber le fouet [2]. »

3° *scène.* — Lao Lai-tse (cf. Mayers, n° 337) vivait, dit-on, sous la dynastie des Tcheou. Il garda ses parents jusqu'à un âge fort avancé et
pour leur prouver que, quoique ayant lui-même soixante-dix ans, il était
resté à leur égard aussi docile et soumis que quand il était petit, il re-
vêtait des habits semblables à ceux d'un enfant et s'amusait à des jeux
puérils.

Lao Lai-tse est représenté debout, jouant avec ses longues manches.
Sa femme est agenouillée derrière lui. Sur une sorte de plancher suré-

---

1. 讒言三至慈母投杼.
2. 閔子騫與假母居愛有偏移子騫衣寒御車朱極.

levé sont assis le père et la mère. Celle-ci montre à son époux leur fils.

Le cartouche porte l'inscription suivante :

« Lao Lai-tse était un homme du pays de Tch'ou; il témoignait à ses « parents une extrême piété filiale; ses vêtements étaient brodés et il se « comportait comme un petit enfant afin de plaire à ses parents; les « sages le louent; il n'y eut pas de piété filiale plus grande [1]. »

4º *scène*. — Ting Lan (cf. Mayers, nº 670) vivait sous la dynastie des Han. M. de Groot, dans son livre sur la religion chinoise [2], raconte l'anecdote relative à ce personnage telle que la rapportent la plupart des auteurs chinois : « Quand sa mère fut morte, dit-il, il fit, par amour filial, une image d'elle, à laquelle il continua à donner toutes les marques de respect qu'il lui avait données à elle-même pendant sa vie. Un jour qu'il était sorti et que sa femme se trouvait seule à la maison, un voisin vint demander à emprunter quelque chose. La femme consulta l'image de sa belle-mère au moyen des blocs divinatoires, reçut une réponse négative et refusa par conséquent au voisin de lui accorder sa demande. Celui-ci, irrité de son insuccès, s'en prit à l'image et lui donna plusieurs coups avant de se retirer. Quand Ting Lan rentra chez lui, il remarqua tout de suite, à l'expression de sa mère, qu'elle était mécontente. Il s'informa de ce qui était arrivé, puis vengea sa mère sur le voisin en lui administrant une bonne volée de coups, et fut arrêté pour ce fait; mais, quand on voulut l'emmener, l'image, à la stupéfaction des assistants, se mit à pleurer. »

D'après le bas-relief, les faits seraient un peu différents : « Ting Lan fit une statue de son père et non de sa mère; en outre, c'est lui-même et non sa femme qui vient consulter l'image; la femme de Ting Lan se tient debout en arrière.

---

1. 老萊子楚人也事親至孝衣服斑連嬰兒之能令 親有驩君子嘉之孝莫大焉.

2. Traduction française de M. C.-G. Chavannes, *Annales du Musée Guimet*, tome XII, p. 654.

Cette histoire mérite d'être remarquée, car il est fort rare qu'on parle d'idoles en Chine à une époque antérieure au bouddhisme.

Le cartouche porte l'inscription suivante :

« Ting Lan, après la mort de son père et de sa mère, dressa une « pièce de bois qu'il considérait comme son père; lorsque ses voisins « venaient lui emprunter quelque objet, il ne le prêtait qu'après en « avoir référé à cette image [1]. »

Ces quatre scènes du second registre ont ce rapport entre elles qu'elles sont toutes des exemples de piété filiale.

TROISIÈME REGISTRE. Ce registre comprend trois scènes qui représentent toutes trois des régicides. On trouve le commentaire historique de ces bas-reliefs dans la monographie que Se-ma Ts'ien a consacrée aux assassins célèbres (chapitre LXXXVI des Mémoires historiques).

1re scène. — Ts'ao-mo (vers 684 av. J.-C., ap. Mayers, n° 762) était un général du pays de Lou qui s'était fait battre à trois reprises par les troupes du pays de Ts'i; à la suite de ces échecs, Tchoang, duc de Lou, fut obligé de céder une partie de son territoire à Hoan, duc de Ts'i. Les deux princes se réunirent dans le pays de Ngo pour y signer la convention; au moment où ils s'étaient sur l'autel, Ts'ao-mo s'élança contre le duc Hoan, un poignard à la main, et, profitant de la stupeur des assistants, l'obligea à rendre au duc de Lou toutes les terres qu'il lui avait enlevées. Le duc de Ts'i voulut, dans la suite, violer l'engagement qui lui avait été ainsi extorqué, mais son conseiller Koan Tchong (cf. Mayers, n° 293) l'en détourna.

Le personnage qui est debout à droite, tenant dans ses mains la petite tablette appelée hou[2], est Koan Tchong[3], conseiller de Hoan, duc de Ts'i[4]. Ce dernier est assis sur une sorte de trône et a devant lui

1. 丁蘭二親終歿立木爲父鄰人假物報乃借與.
2. On appelait hou une tablette, le plus souvent en ivoire, que les fonctionnaires tenaient devant eux lorsqu'ils parlaient au souverain.
3. 管仲.
4. 齊桓公.

7

Ts'ao-mo qui le menace de son poignard[1]. Derrière Ts'ao-mo se tient debout Tchoang, duc de Lou[2].

2e *scène.* — Le roi de Ou, Léao (526-514 av. J.-C.), était monté sur le trône au détriment de son cousin germain, le prince Koang; celui-ci gagna à sa cause un homme très brave, nommé Tchoan Tchou, qui promit d'assassiner l'usurpateur. Pendant un banquet, Tchoan Tchou apporta un poisson grillé dans l'intérieur duquel était caché un poignard; arrivé en présence du roi Léao, il ouvrit le poisson, saisit le poignard et tua le souverain; il fut lui-même mis à mort sur-le-champ; mais le prince Koang profita des troubles qui suivirent cet événement pour s'emparer du pouvoir; ce fut le roi Ho-lu (514-495 av. J.-C.).

Le cartouche de droite[3] mentionne d'abord « les deux gardes »; ce sont les deux hommes d'armes qui jettent leurs hallebardes sur Tchoan Tchou; ensuite nous lisons la phrase suivante :

« Tchoan Tchou se sert d'un poisson grillé pour tuer à coups de « poignard le roi de Ou. »

3e *scène.* — King K'o est célèbre par la tentative qu'il fit, en 227 avant J.-C., pour assassiner le roi de Ts'in, qui quelque temps après cet événement, prit le nom de Ts'in Ché-hoang-ti. King K'o était un émissaire de Tan, prince héritier du royaume de Yen; il devait être aidé dans son entreprise par un certain Ts'in Ou-yang. King K'o, afin d'obtenir une audience personnelle du souverain, lui apportait la tête d'un de ses généraux rebelles, Fan Yu-k'i, et la carte géographique d'une partie de l'État de Yen, deux présents qui devaient être d'une très grande valeur à ses yeux. Dans la carte était caché un poignard empoisonné. Le roi de Ts'in, dit l'historien Se-ma Ts'ien, « donna audience à l'envoyé du pays de Yen dans le palais de Hien-yang; King K'o portait la boîte où était la tête de Fan Yu-k'i et Ts'in Ou-yang était chargé de l'étui contenant

1. 曹子劫桓.
2. 魯莊公.
3. 二侍郎.專諸炙魚刺殺吳王.

la carte. Ils avançaient l'un derrière l'autre. Lorsqu'ils arrivèrent à l'es-
calier, Ts'in Ou-yang changea de couleur et se mit à trembler de peur.
Tous les officiers s'en étonnèrent. King K'o regarda Ou-yang en riant,
puis il s'avança et l'excusa en disant : C'est un homme d'une contrée re-
culée chez les barbares du nord; il n'a pas encore vu le Fils du Ciel; c'est
pour quoi il tremble et a peur; je désire que le grand roi soit indul-
gent pour lui et qu'il le considère comme ayant bien accompli sa mission.

« Le roi de Ts'in dit à King K'o : Prenez la carte que tient Ou-yang.

« King K'o prit aussitôt la carte et l'offrit; le roi de Ts'in la déroula;
au bout de la carte le poignard apparut. Aussitôt King K'o saisit de la
main gauche la manche du roi de Ts'in; de la droite il prit le poignard
et l'en frappa; mais le coup ne pénétra pas jusqu'au corps. Le roi de
Ts'in, effrayé, se leva en se rejetant en arrière et sa manche se déchira.
Il voulut tirer son épée, mais elle était longue et elle resta engagée dans
le fourreau[1]; en ce moment il était troublé et pressé; l'épée tenait bon
et c'est pourquoi il ne put la tirer aussitôt. King K'o poursuivit le roi
de Ts'in qui s'enfuit en tournant derrière une colonne. Tous les officiers
étaient frappés de stupeur parce que, la chose ayant été soudaine et
inattendue, ils avaient complètement perdu toute présence d'esprit. En
outre, c'était une loi du pays de Ts'in que, lorsque les officiers étaient
présents au palais, ils ne devaient avoir aucune arme de guerre, ni
grande, ni petite. Les capitaines et les gardes étaient tous rangés au-
dessous du palais et n'auraient osé monter sans être mandés par un ordre
royal. Comme le temps pressait, on ne songeait pas à aller chercher les
soldats qui étaient en bas et c'est pourquoi King K'o continuait à pour-
suivre le roi de Ts'in. Or, dans le trouble et la précipitation où on était,
on ne savait avec quoi le frapper mais on lui donnait une grêle de coups
de poings. Alors le médecin de service, Hia Vou-kiu leva sur King K'o
la poche de médicaments qu'il tenait à la main. Le roi de Ts'in tournait
toujours autour de la colonne en fuyant; dans l'anxiété et la presse où

1. L'épée se portait, en ce temps, sur le dos.

il était, il ne savait que faire. Ceux qui étaient là lui dirent : Roi, repous-
sez l'épée sur votre dos ! Il repoussa son épée en arrière et put aussitôt
la tirer. Il en frappa King K'o à qui il entama la cuisse gauche. King
K'o tomba, alors il brandit son poignard pour le lancer contre le roi de
Ts'in ; il ne l'atteignit pas, mais il atteignit la colonne de cuivre. Le roi
de Ts'in frappa de nouveau King K'o ; celui-ci reçut huit blessures ;
voyant que l'affaire était manquée, il s'appuya contre la colonne, se mit
à rire, s'accroupit et dit en criant à tous : Si la chose n'a pas réussi,
c'est que je voulais le menacer vivant pour obtenir de lui un traité écrit
qui vengeât l'héritier présomptif! Alors les assistants s'élancèrent en
avant et tuèrent King K'o [1].

Le bas-relief représente King K'o [2] les cheveux hérissés par la fureur ;
il est saisi à bras le corps par un homme qui est peut-être Hia Vou-kiu ;
Ts'in Ou-yang [3], terrifié, reste prosterné ; par terre est une boîte en-
tr'ouverte contenant la tête de Fan Yu-k'i [4] ; le roi de Ts'in [5] est derrière une colonne que traverse une sorte de javeline lancée par King
K'o.

QUATRIÈME REGISTRE. Aucun cartouche ne permet d'expliquer ce qu'est
ce cortège ; mais en comparant cette sculpture avec d'autres bas-reliefs,
on peut supposer que le défunt lui-même y est représenté au moment où
il remplissait une fonction publique plus ou moins importante. Des deux
véhicules, le plus grand et le plus massif ressemble beaucoup aux chars
couverts d'une large natte qui sont aujourd'hui encore les omnibus des
rues de Péking.

1. Ce passage se trouve dans le LXXXVI° chapitre de Se-ma Ts'ien; il est un exemple
excellent des descriptions vivantes et vraies qu'il n'est pas rare de trouver chez les historiens chinois.

2. 荆軻.

3. 秦舞陽.

4. 樊於其頭.

5. 秦王.

PLANCHE IV

Deuxième pierre de la chambrette du pseudo-Ou Léang; cette dalle, qui formait la paroi occidentale, a les mêmes dimensions que la première et est, comme elle, surmontée d'un pignon (ce pignon ne se trouve pas reproduit sur l'estampage). Elle est divisée en quatre registres.

PREMIER REGISTRE. 1re *scène*. — On ne sait pas ce que cette scène représente; on voit à droite une femme dans une maison; au dehors est agenouillé un homme qui est un envoyé (使者, dit le cartouche).

2e *scène*. — L'histoire de la vertueuse femme du pays de Léang est racontée dans le *Lié-niu-tchoan* : la maison où se trouvaient le fils de cette femme et le fils de son frère aîné devint la proie des flammes; elle s'élança au milieu du brasier pour sauver le fils de son frère, mais l'enfant qu'elle retira était son propre fils. Alors malgré les supplications de sa voisine qui lui montrait le danger qu'il y avait à rentrer dans la maison brûlante, elle s'y précipita de nouveau et y trouva la mort.

Sur le bas-relief, un enfant renversé par terre est le fils de l'épouse du frère aîné[1]; une femme pénètre dans la maison en flammes pour le sauver[2]; c'est la vertueuse matrone du pays de Léang; une femme, qui est accourue pour porter secours[3] cherche à la retenir en saisissant à deux mains son bras droit; dans l'éloignement, deux enfants qui se tiennent par la main sont les fils de la vertueuse matrone[4].

3e *scène*. — Le fait que rappelle cette sculpture se passa au temps de Siuen, roi du pays de Ts'i (331-312 av. J.-C.); il est rapporté dans le *Lié-niu-tchoan*. La veuve du pays de Ts'i qui fut surnommée « la belle-

1. 長婦兒.
2. 梁節姑姊.
3. 求者.
4. 姑姊兒.

mère juste » avait deux fils, l'un qui était son propre enfant, l'autre qui
était né d'une première femme de son mari. Il arriva qu'un homme fut
tué dans une rixe devant leur habitation ; le magistrat chargé de l'en-
quête crut qu'un des deux frères était le meurtrier ; mais chacun d'eux,
pour sauver l'autre, déclarait qu'il était le coupable ; pendant toute une
année, la question ne put être élucidée. L'affaire fut alors déférée au
roi qui fit venir la mère et lui demanda lequel de ses deux fils devait
mourir et lequel devait vivre. Elle répondit en pleurant : « Tuez le plus
jeune, car c'est mon propre fils ; l'aîné est le fils de la première femme
et son père, sur son lit de mort, me recommanda de le bien traiter. »
Le roi admira cette réponse ; il ne mit à mort aucun des deux fils et conféra à la femme le surnom honorifique de « la belle-mère juste ».

Sur le bas-relief, un personnage à cheval est le magistrat chargé des
poursuites [1] ; à terre est le cadavre [2] qui est la cause du procès ; l'homme
agenouillé est le fils de la seconde mère [3] ; l'homme qui tient à la main
une sorte d'arme est le fils de la première mère [4]. En arrière est la belle-
mère du pays de Ts'i [5].

4ᵉ *scène*. — La « femme vertueuse de la capitale » était l'épouse d'un
habitant de Tch'ang-ngan, capitale de l'empire sous la dynastie des
premiers Han. Un ennemi mortel de cet homme la menaça de tuer son
père, si elle ne lui révélait pas où son mari couchait chaque soir. Placée
dans l'alternative de causer la mort ou de son père ou de son mari, cette
femme feignit de céder à la force et indiqua une chambre où, dit-elle,
son mari couchait ; le soir venu, elle ouvrit la fenêtre de cette chambre
et s'étendit elle-même sur le lit. Pendant la nuit, l'ennemi vint et lui

1. 追吏.
2. 死人.
3. 後母子.
4. 前母子.
5. 齊繼母.

coupa la tête; lorsque le jour parut, il s'aperçut de son erreur, fut pénétré de douleur et se repentit fort.

Sur le bas-relief on distingue un lit où est couchée la femme vertueuse de la capitale [1]; dans la chambre pénètre un homme armé qui est l'agresseur ennemi de la famille [2].

DEUXIÈME REGISTRE. D'après les quelques mots qu'on peut déchiffrer sur les cartouches de ce registre, les scènes qui y sont représentées sont des traits de piété filiale, mais on ne sait pas au juste de quoi il s'agit.

TROISIÈME REGISTRE. Ce registre, comme celui qui lui correspond sur la première pierre de la chambrette, relate les exploits de divers régicides.

1ʳᵉ scène. — Il faut se rapporter au Tch'oen-ts'ieou des pays de Ou et de Yué [3] pour trouver le commentaire historique de cette scène. Nous avons déjà vu [4] comment Ho-lu, roi de Ou, s'était emparé du pouvoir en faisant assassiner par Tchoan Tchou le roi Léao; lorsqu'il fut monté sur le trône, il craignit que K'ing-ki, fils de l'ancien roi, ne soulevât le pays contre lui; il chargea donc un nommé Yao-li de le mettre à mort; Yao-li commença par capter la confiance de K'ing-ki, se fit admettre dans son entourage, et, un jour qu'ils traversaient un fleuve en barque, il le frappa d'un coup de hallebarde; K'ing-ki eut encore la force d'empêcher ses soldats de mettre à mort Yao-li, en leur disant : « Il ne faut pas qu'un seul jour voie périr deux des plus braves hommes de l'empire. » Puis il expira. Yao-li se sauva à la nage; mais, arrivé sur le rivage, il eut tant de remords de son action qu'il se tua.

Sur le bas-relief, on voit dans un bateau K'ing-ki [5]; un homme a été précipité dans le fleuve; c'est Yao-li [6].

1. 京師節女.

2. 怨家攻者.

3. 吳越春秋. Chap. II. Seconde année du règne de Ho-lu.

4. Chambrette du pseudo-Ou Léang, 1ʳᵉ pierre, troisième registre, 2ᵉ scène.

5. Le cartouche porte l'inscription : « Le roi K'ing-ki 王慶忌. » Pour être exact, il faudrait dire : le prince royal K'ing-ki.

6. 要離.

2ᵉ *scène.* — L'histoire de Yu Jang est racontée par Se-ma Ts'ien dans la monographie des assassins illustres.

Yu Jang avait été au service de Tché-po ; ce dernier était tout-puissant dans le pays de Tsin dont les ducs n'avaient plus qu'une autorité nominale. En 452 avant J.-C., Siang-tse, prince de Tchao, s'unit aux princes de Han et de Wei pour attaquer Tché-po. Celui-ci fut tué et Siang-tse fit de son crâne une coupe à boire. Yu Jang jura de venger son ancien maître ; il essaya une première fois d'assassiner Siang-tse ; il échoua, mais le prince lui pardonna. Il se rendit alors méconnaissable en enduisant son corps de vernis pour produire sur sa peau une éruption de pustules et en avalant du charbon pour altérer sa voix ; puis il alla se cacher sous un pont où Siang-tse devait passer. Lorsque le char du prince arriva, les chevaux eurent peur et Yu Jang fut découvert ; entouré par les soldats et reconnu malgré son aspect misérable, il demanda comme dernière grâce à Siang-tse, ses habits afin de pouvoir assouvir sur eux du moins sa vengeance. Siang-tse, admirant la grandeur d'âme de cet homme qui se dévouait pour une cause à tout jamais perdue, y consentit. Yu Jang saisit une épée et frappa les habits en bondissant par trois fois ; puis il dit : « Je puis aller en bas, car j'ai vengé Tché-po ! » A ces mots il se jeta sur son épée et mourut.

Le bas-relief représente Yu Jang[1] au moment où il vient de frapper les habits qui sont à terre. Dans un char sont assis Siang-tse, roi de Tchao[2], et un de ses serviteurs.

3ᵉ *scène.* — L'histoire de Nié-tcheng se trouve dans la monographie des assassins illustres par Se-ma Ts'ien.

D'après cet auteur, un haut fonctionnaire du pays de Han, Yen-tchong-tse, avait voué une haine mortelle au conseiller d'État Kié-soei ; il gagna à sa cause un certain Nié-tcheng qui lui promit de le venger. Nié-tcheng

1. Le cartouche porte l'inscription : « Yu Jang se tue pour venger Tché-po 豫 讓 殺 身 以 報 知 已 . »

2. 趙 襄 子 .

entra tout droit dans le palais et, au milieu des gardes assemblés, tua
Kié-soei; « les assistants firent un grand tumulte; Nié-tcheng poussait de
grands cris et, frappant de çà, de là, il tua plusieurs dizaines d'hommes;
puis il se coupa lui-même la peau du visage, s'arracha les yeux et s'ouvrit le ventre en en faisant sortir les entrailles. Il mourut sur-le-champ ».
En se mutilant ainsi, il avait eu pour but de se rendre méconnaissable,
afin d'éviter qu'on exerçât des poursuites judiciaires contre les autres
membres de sa famille. Son cadavre fut exposé sur la place publique et
on promit une forte récompense à celui qui déclarerait qui il était. Alors
sa propre sœur, craignant que l'héroïsme de son frère ne fût à tout jamais
ignoré, si son nom restait toujours caché, vint elle-même auprès du
corps, fit un éloge magnifique de Nié tcheng et tomba morte à ses côtés.

Le sculpteur paraît ne pas s'être conformé très exactement à la tradition historique. En effet, le personnage qui va être assassiné est le roi
de Han[1] lui-même et non son conseiller. En outre, Nié-tcheng[2], qui a
son poignard à la main gauche, tient de la main droite une sorte de ci-
thare (*kin*); ce détail n'est point mentionné dans les textes écrits qui
disent au contraire que Nié-tcheng marcha droit à sa victime.

4° *scène.* — L'anecdote de la femme laide du pays de Ou-yen est racontée dans le *Lié-niu-tchoan*..

Le roi Siuen, qui régna sur l'État de Ts'i de 454 à 403 avant J.-C., avait
commencé par exercer fort mal le pouvoir. Une femme du pays de Ou-
yen, nommée Tchong-li-tch'oen, qui avait quarante ans et qui était si
laide que personne n'avait voulu la prendre pour femme, osa venir lui
faire des reproches de sa conduite et lui montrer les dangers qu'il faisait courir à lui-même et à son peuple : au dehors, des États rivaux le
menaçaient; au dedans, il pressurait ses sujets pour obtenir l'argent
nécessaire à ses luxueuses constructions; il repoussait les avis des gens
de bien et n'était entouré que d'hommes pervers; il se livrait à la dé-

1. 韓王.
2. 聶政.

8

bauche et le vin et les femmes lui faisaient négliger la politique exté-
rieure et le gouvernement intérieur. — Le roi fut si touché de ces remon-
trances qu'il se corrigea et, bien plus, qu'il épousa Tchong-li-tch'oen.

Sur le bas-relief, on voit à droite le roi de Ts'i [1]; devant lui se tient
debout Tchong-li-tch'oen, la femme laide du pays de Ou-yen [2].

QUATRIÈME REGISTRE. A droite on voit le plafond d'une cuisine; diverses
victuailles, telles que des poissons, un poulet, un lièvre, etc., y sont sus-
pendues. — Un peu plus loin est un puits : le système de balancier qui
y est représenté est de nos jours encore en usage dans la campagne
chinoise ; le seau est attaché à une des extrémités d'une perche hori-
zontale mobile autour d'un point d'appui placé en son milieu; à l'autre
extrémité de la perche est fixé un contre-poids; pour faire descendre le
seau dans le puits, il faut tirer sur la corde de manière à soulever le
contre-poids, mais, d'autre part, pour remonter le seau plein, le contre-
poids, tendant à redescendre, aide l'opérateur. En somme, l'effort qu'il
faut faire pour remonter le seau plein se trouve ainsi divisé en deux ef-
forts moitié moindres. Contre la maîtresse-poutre du puits a été suspendu un animal qu'un homme est en train d'écorcher. — Plus loin,
dans une charrette tirée par un bœuf est, s'il faut en croire le cartouche,
un simple particulier [3]; devant lui, un homme descendu d'un autre char
s'agenouille ; c'est un petit fonctionnaire de la sous-préfecture [4].

PLANCHE V

Cette pierre mesure environ 2^m,10 de de long et a la même hauteur
que les deux dalles précédentes, mais elle n'est pas surmontée d'un

1. 齊王.
2. 無鹽媿女鍾離春.
3. 處士.
4. 縣功曹.

pignon; elle formait le fond de la chambrette qui restait grande ouverte par devant. Elle est divisée en quatre registres.

Premier registre. Divers traits d'héroïsme féminin sont ici représentés. On en trouve l'explication dans le *Lié-niu-tchoan*.

1re *scène*. — Une femme du pays de Léang, remarquable par sa beauté,
était devenue veuve fort jeune; plusieurs hommes la demandaient en
mariage sans obtenir son consentement; enfin le prince de Léang lui-
même lui envoya de riches présents, car il désirait l'avoir pour femme.
Lorsque les messagers du roi eurent exposé leur mission, la jeune
veuve prit son miroir et un couteau et se coupa le nez; puis elle dit :
« Je suis maintenant une femme déshonorée par un châtiment[1]; qui
voudra de moi ? »

Le roi, apprenant l'aventure, loua fort la vertu de cette femme et lui
décerna le surnom de « celle qui agit noblement ».

Cette anecdote prouve que, dès l'antiquité, les Chinois tinrent en
honneur les femmes qui restaient veuves. La fidélité aux mânes d'un
premier époux était et est encore à leurs yeux une des plus belles formes de la vertu ou de la pudeur (節) féminine.

Sur le bas-relief, le premier homme à droite tient un objet qui est
peut-être le sceau royal; la femme du pays de Léang qui agit noblement[2]
est assise, tenant de la main droite un miroir et de la main gauche un
couteau; devant elle, un homme à genoux lui présente de l'or[3]. Plus
en arrière est l'envoyé[4] du roi et son char à deux chevaux.

2e *scène*. — L'histoire ici représentée est celle de l'épouse irrépro-
chable de Ts'ieou-hou, du pays de Lou. Ts'ieou-hou, originaire du pays
de Lou, cinq jours après s'être marié, s'en alla seul dans un État étran-
ger où il remplit une fonction publique pendant cinq ans. Lorsqu'il re-

---

1. L'ablation du nez était une peine infamante.
2. 梁高行.
3. 奉金者.
4. 使者.

vint dans sa patrie, il vit, peu avant d'arriver chez lui, une femme qui cueillait des feuilles de mûrier; elle lui plut; il s'arrêta et lui offrit des présents. Elle refusa toutes ses avances. Ts'ieou-hou rentra chez lui et peu après il vit venir son épouse en qui il reconnut la personne même à qui il avait fait des propositions déshonnêtes. Sa femme lui fit honte de sa conduite, lui reprocha d'avoir outragé sa pudeur, puis sortit et alla se noyer.

Cette anecdote, qui finit tragiquement dans le récit du *Lié-niu-tchoan*, a fourni le sujet d'une comédie à Ché Kiun-pao, poète de la dynastie mongole des Yuen (Bazin, *Le siècle des Yuen*, p. 301 et suiv.); mais le dénouement y est tout à fait transformé, car le mari finit par recevoir de sa femme le pardon de sa conduite quelque peu libertine.

L'estampage représente la femme de Ts'ieou-hou [1], cueillant des feuilles de mûrier; Ts'ieou-hou, du pays de Lou [2], portant comme un voyageur un paquet au bout d'un bâton, est debout auprès d'elle et lui parle.

3e *scène*. — Lorsque l'armée de Ts'i envahissait le pays de Lou, les soldats aperçurent une femme qui tenait un enfant par la main et en portait un autre sur son bras; ils voulurent s'emparer d'elle; pour pouvoir fuir, elle déposa par terre l'enfant qu'elle portait et prit l'autre dans ses bras; l'enfant abandonné pleurait, mais elle se sauvait sans paraître s'en soucier. Le général du pays de Ts'i l'interrogea; elle répondit : « Celui que j'ai pris dans mes bras est le fils de mon frère aîné; celui que j'ai mis par terre est mon propre fils; je n'avais pas la force de les sauver tous deux, c'est pourquoi je me suis résignée à abandonner mon enfant et à partir. » — Le général arrêta alors son armée en disant : « Nous ne saurions être vainqueurs de Lou. Si une femme a tant de vertu dans sa conduite, combien plus doit en avoir le prince. » — Le souverain du pays de Lou, ayant appris ce qui s'était passé, fit à cette femme un pré-

1. 秋胡妻.
2. 魯秋胡.

sent en pièces de soie et lui conféra le titre de « la matrone remarquable par sa justice ».

Sur le bas-relief, la matrone remarquable par sa justice[1] tient dans ses bras le fils de son frère aîné[2]; elle a laissé par terre son propre fils[3]. Deux soldats, l'un à pied, l'autre à cheval, vont s'emparer d'elle. Plus en arrière est le char du général de Ts'i[4].

4ᵉ *scène*. — Tchao, qui régna sur l'État de Tch'ou, de 515 à 488 avant J.-C., sortit un jour de sa capitale en laissant sa femme sur une terrasse élevée au bord du fleuve; pendant qu'il était absent une crue se produisit et le fleuve déborda; il envoya aussitôt un messager pour dire à sa femme de quitter la terrasse qui risquait d'être enlevée par les eaux; le messager avait oublié de prendre un sceau comme gage de sa véracité et la reine refusa de le croire et de partir. Peu de temps après la terrasse s'écroula et la femme du roi Tchao périt pour être restée fidèle aux premiers ordres de son mari.

On voit sur le bas-relief « la fidèle Kiang, femme de Tchao, roi de Tch'ou »[5], assise et résistant aux supplications de deux personnes qui la conjurent de partir.

DEUXIÈME REGISTRE. Ce registre, comme ceux qui lui correspondent dans la première et dans la seconde pierre, représente divers traits de piété filiale.

1ʳᵉ *scène*. — D'après le *Kin-ché-souo*, l'explication de cette scène se trouve dans un passage du *Chouo-yuen* de *Lieou Hiang*[6].

1. 義姑姊.
2. 兄子.
3. 姑姊子.
4. 齊將軍.
5. 楚昭貞姜.
6. 說苑 de Lieou Hiang 劉向. Cet ouvrage se trouve dans la collection appelée le *Han Wei ts'ong chou*. Le nom de Po Yu est écrit dans les livres 伯瑜, tandis que, sur le bas-relief, il est écrit 柏榆.

Po Yu, du pays de Han, avait une mère qui le battait; quoique parvenu à l'âge adulte, par piété filiale il la laissait faire ; bien plus, il s'aperçut un jour que sa mère le battait 'moins fort que 'd'ordinaire; il reconnut ainsi qu'elle devenait vieille et s'affaiblissait; il s'en affligea profondément.

Le bas-relief nous montre Po Yu à genoux et sa mère[1] debout, un bâton à la main,

Le cartouche placé au-dessus de Po Yu porte l'inscription suivante :

« Po Yu s'affligea de ce que sa mère devenait vieille et perdait peu à « peu ses forces; en le battant, elle ne lui faisait plus mal; son cœur en « conçut une grande tristesse. [2] »

2° scène. — Le père d'un certain Hing K'iu était devenu vieux et avait perdu ses dents; son fils lui mâchait sa nourriture. — Cette anecdote ne se trouve racontée dans aucun livre et n'est connue que par cette sculpture.

Le bas-relief représente Hing K'iu[3] agenouillé devant son père[4] et prêt à accomplir son acte assez répugnant de piété filiale; il tient de la main droite les deux bâtonnets qui servent aux Chinois à prendre leurs aliments.

3° scène. — L'estampage nous montre à droite un personnage qui grimpe sur un arbre; un homme, assis sur le brancard d'une petite charrette, est le père de Tong Yong[5]. Enfin un troisième personnage debout est Tong Yong, originaire de Ts'ien-tch'eng[6]. On ne sait pas quelle anecdote rappelle ce dessin.

1. 榆母.

2. 柏榆傷親年老氣力稍衰笞之不痛心懷楚悲.

3. 邢渠哺父. Hing K'iu mâche pour son père.

4. 渠父.

5. 永父.

6. 董永千乘人也.

Tong Yong (cf. Mayers, n° 691) est cependant un personnage connu; à la mort de son père, dit la tradition, il n'avait pas d'argent pour l'ensevelir et se vendit comme esclave afin de pouvoir faire les frais de ses funérailles. Il rencontra une belle femme qui lui dit qu'elle voulait l'épouser; mais son maître exigea trois cents pièces de soie brodée pour lui rendre la liberté. En un mois la femme fit cet immense ouvrage; puis elle s'en alla après avoir dit à Tong Yong : « Je suis la Tisserande du Ciel; parce que vous avez eu de la piété filiale, l'Empereur du Ciel m'a ordonné d'aller vous aider et de payer votre rançon. »

La Tisserande du Ciel est le nom d'une constellation; on trouvera quelques détails concernant cette divinité stellaire dans l'ouvrage de M. de Groot sur les fêtes annuellement célébrées à Emoui [1].

4ᵉ *scène*. — On ne sait pas ce que représente cette scène. Les personnages sont au nombre de cinq. A droite, une femme est « la mère parfaitement pieuse » [2]; à sa suite est un certain Tchou Ming [3] qui paraît être le héros principal de l'histoire; puis viennent le frère cadet [4], le fils [5] et la femme [6] de Tchou Ming.

5ᵉ *scène*. — Cette scène est fort endommagée sur l'estampage ci-annexé. A droite, une femme fait le geste de prendre un enfant qui est couché dans une sorte de berceau. A gauche, un homme à genoux. Un cartouche, qui est complètement effacé sur l'estampage, nous apprend que l'enfant est « l'orphelin abandonné de la famille Li [7] » et que le personnage à genoux est « le fidèle et pieux Li Chan » [8].

1. Traduction française, pp. 436 et suiv. — Cf. planche XLII.
2. 章孝母.
3. 朱明.
4. ‖弟.
5. ‖兒.
6. ‖妻.
7. 李氏遺孤.
8. 忠孝李善.

La biographie de Li Chan se trouve dans la soixante et onzième monographie du Livre des Han postérieurs, celle qui est consacrée aux hommes qui ont accompli des actions extraordinaires. Li Chan, qui avait pour surnom Tse-soen, était originaire de Yu-yang, dans l'État de Nan-yang (cette localité était à 60 *li* au sud de la sous-préfecture actuelle de Nan-yang, province de Ho-nan). Il était l'esclave d'un homme de cette ville appelé Li Yuen. Au milieu de la période *kien-ou* (25-56 ap. J.-C.), il y eut une épidémie. Li Yuen et sa famille périrent tous, à l'exception d'un jeune enfant, Li Siu, né depuis quelques semaines à peine. Cet enfant était le seul héritier d'une grande fortune. Les servantes de la maison voulurent le tuer pour s'emparer de l'argent; mais Li Chan parvint à leur soustraire le fils de son ancien maître; il le cacha dans une région montagneuse où il l'éleva lui-même. « Il lui mâchait sa nourriture, dit gravement l'historien, et ses seins produisaient du lait. » Lorsque le jeune garçon eut atteint l'âge de dix ans, Li Chan revint à la ville et adressa une plainte aux magistrats. Les servantes coupables furent punies de mort; quant au fidèle esclave, il fut recommandé à l'empereur qui lui donna de grandes récompenses.

Le bas-relief représente sans doute Li Chan au moment où il empêche une des servantes de prendre l'enfant.

6ᵉ *scène.* — Cette dernière scène du registre est aussi fort endommagée sur l'estampage. Elle est plus nette dans les recueils épigraphiques tels que le *Kin-ché-souo.*

Sous le règne de l'empereur Ou, de la dynastie des premiers Han, en l'année 120 avant J.-C., le général Ho Kiu-p'ing remporta une victoire sur la petite tribu de Hieou-tch'ou qui habitait dans le Turkestan chinois. Le roi de cette tribu fut assassiné peu après et son fils, Kin Je-ti, dut faire sa soumission aux Chinois; il commença par être employé presque comme un esclave dans les écuries impériales; mais le souverain le remarqua et l'appela peu à peu aux plus grands emplois. Lorsque la mère de Kin Je-ti mourut, l'empereur ordonna qu'on fît son portrait dans le palais de Kan-k'iuen; toutes les fois que Kin Je-ti passait devant son image, il se prosternait et versait des larmes.

C'est ainsi que Pan Kou raconte les faits dans le soixante-huitième chapitre de son Histoire des premiers Han. Sur le bas-relief, le cartouche placé au-dessus de la statue porte les mots : « image de Hieou-tch'ou »[1]; il semble qu'il s'agisse d'une statue du père et non de la mère de Kin Je-ti. Le personnage à genoux est le « commandant de la cavalerie »[2], c'est-à-dire Kin Je-ti.

Cette anecdote n'a rien qui doive nous surprendre. Les tribus nomades qui entouraient la Chine au nord et à l'ouest ont toujours été fort disposées à l'idolâtrie. Le père de Kin Je-ti lui-même est précisément le roi à qui le général Ho Kiu-p'ing prit, lorsqu'il l'eut défait, l'homme d'or qu'il adorait. Les critiques chinois ont tous interprété ce passage en disant que cet homme d'or était évidemment une statue de Bouddha et ils veulent y voir le premier témoignage de l'introduction du bouddhisme en Chine. Mais le fait même que Kin Je-ti se prosternait devant la statue de sa mère ne peut-il pas faire supposer que la statue adorée par son père, le roi de Hieou-tch'ou, n'était pas de nécessité une image de Bouddha, mais peut-être le portrait d'un de ses aïeux ? En tous cas, le texte de l'historien ne justifie pas suffisamment l'hypothèse que des commentateurs trop ingénieux ont formulée.

TROISIÈME REGISTRE. Ce registre se confond assez promptement avec le quatrième et ne recommence qu'à l'autre extrémité de la pierre.

1re scène. — Se-ma Ts'ien, dans sa biographie de Lin Siang-jou (chapitre LXXXI des Mémoires historiques) raconte l'événement que commémore ce bas-relief.

Hoei Wen, roi de Tchao, possédait un anneau de jade très précieux. Tchao, roi de Ts'in (306-250 av. J.-C.) lui proposa de lui échanger ce joyau contre quinze villes. Hoei Wen craignait fort que le roi de Ts'in, lorsqu'il serait en possession de l'objet de ses désirs, ne lui donnât pas les territoires promis. Cependant il n'osa pas refuser l'offre qui lui était

1. 休屠像.
2. 騎都尉.

faite par son puissant voisin et il chargea un certain Lin Siang-jou de porter l'anneau. Lin Siang-jou remit l'objet au prince de Ts'in et vit, à l'empressement moqueur avec lequel il le recevait, qu'il comptait bien ne rien donner en échange; il prétendit alors que le jade avait un petit défaut et qu'il voulait le montrer au roi. Lorsqu'il fut parvenu, par ce stratagème, à reprendre l'anneau, il déclara qu'il briserait à la fois sa tête et le joyau contre une colonne voisine si on tentait de lui faire violence. Le roi de Ts'in, craignant que l'anneau ne fût endommagé, maîtrisa sa colère et soutint qu'il avait toujours eu l'intention de livrer les quinze villes. Lin Siang-jou exigea du roi qu'il se purifiât au préalable pendant cinq jours. La chose ayant été convenue, Lin Siang-jou profita du délai qu'il avait ainsi obtenu pour envoyer secrètement un de ses domestiques reporter l'anneau dans le pays de Tchao. Le cinquième jour arrivé, il annonça au roi de Ts'in ce qu'il avait fait et demanda à être jeté dans une chaudière bouillante, supplice qu'avait mérité sa supercherie. Le roi de Ts'in qui, dans toute cette affaire, avait assez mauvaise conscience, n'osa pas se donner de nouveaux torts en faisant périr un homme juste et le laissa repartir.

Le bas-relief représente Lin Siang-jou au moment où il déclare qu'il va briser sa tête en même temps que l'anneau de jade contre une colonne. Le cartouche porte l'inscription suivante :

« Lin Siang-jou était un sujet du prince de Tchao; il offrit l'anneau « de jade au roi de Ts'in[1]. »

De l'autre côté de la colonne est le roi de Ts'in[2].

2º *scène*. — On lit l'explication de cette scène dans la biographie de Fan Soei par Se-ma Ts'ien (chapitre LXXIX des Mémoires historiques).

Fan Soei était un homme pauvre, mais très ambitieux et très habile, qui commença par servir Siu Kia, grand personnage du pays de Wei. Pendant une mission dont Siu Kia avait été chargé auprès du prince de

---

1. 藺相如趙臣也奉璧於秦.

2. 秦王.

Ts'i, Fan Soei fut soupçonné de s'être laissé corrompre et d'avoir dé-
voilé des secrets d'État; lorsqu'il revint dans le pays de Wei, le premier
conseiller Wei ts'i le fit assaillir par des gens qui le rouèrent de coups
et le laissèrent pour mort; on le jeta dans les lieux d'aisance et on lui
fit subir les plus ignobles affronts. Fan Soei cependant n'était pas mort;
il put s'échapper et se réfugier dans le pays de Ts'in où il prit le nom
de Tchang-lou; il parvint, en 270 avant J.-C., à se faire apprécier du roi
Tchao, et en 267 il devenait son premier conseiller. Siu Kia fut, vers
la même époque, envoyé en ambassade auprès du roi de Ts'in et sa stupéfaction fut grande en reconnaissant dans le premier conseiller Tchang-
lou son ancien subordonné Fan Soei.

L'estampage représente Siu Kia, du pays de Wei[1], tombant à genoux
devant Fan Soei [2] et lui demandant pardon de la manière dont il avait
permis qu'on le traitât.

QUATRIÈME REGISTRE. Un char et deux cavaliers sans cartouches explicatifs.

Le troisième et le quatrième registre se confondent bientôt en un
seul dans lequel est représenté un pavillon à deux étages. Les auteurs
du *Kin-ché-souo* supposent, comme les deux scènes du troisième registre sont empruntées à l'histoire du pays de Ts'in, que ce pourrait
bien être un pavillon du fameux palais *A-fang* construit par Ts'in-ché-
hoang-ti; mais cette hypothèse a bien peu de fondement. A l'étage supérieur est assise une femme de qualité entourée de ses servantes; la
seconde à gauche lui présente un miroir rond en métal. — La scène
qui se passe au-dessous n'est pas expliquée. — A gauche de la maison
est un arbre *ho-hoan*; le *ho-hoan* a cette particularité que toutes ses
branches s'entrelacent; il ressemble, disent les dictionnaires, à l'arbre
ou-t'ong 梧桐 (*Elæococca verrucosa*). — Un homme, debout sur le
toit de la maison, tire des flèches contre les oiseaux qui sont dans les

1. 魏須賈.
2. 范且. L'orthographe correcte du second mot est 雎.

branches. Deux enfants semblent vouloir monter sur l'arbre. Non loin de là, un cheval et une grue.

A gauche de l'arbre, la division en deux registres recommence, mais on ne peut savoir qui sont les personnages représentés sur cette dernière partie de la dalle.

§ 3. — LES PLANCHES D'OBJETS MERVEILLEUX
DE BON AUGURE

Nous avons vu, dans l'Introduction, que Hoang I avait trouvé deux pierres représentant des objets merveilleux de bon augure ; ces pierres, selon toute vraisemblance, formaient le toit de la chambrette du pseudo-Ou Léang. En outre, on a exhumé, à une date ultérieure, une troisième dalle d'une facture tout à fait semblable. La première de ces trois pierres étant fort endommagée, il est inutile de reproduire un estampage où on ne distingue presque rien[1] ; nous nous bornerons donc à en parler, d'après la description qu'en fait le *Kin-ché-souo*. Mais nous étudierons d'après les estampages même deux fragments de la seconde dalle et un fragment de la troisième. Il est à remarquer d'ailleurs que cette dernière ne se trouve mentionnée dans aucun des ouvrages épigraphiques chinois.

Les êtres et les objets extraordinaires qui sont gravés sur ces dalles sont considérés par les Chinois comme des présages de bonheur. Cette croyance est encore profondément enracinée dans le Céleste Empire : il y a quelques années à peine, le vice-roi Li Hong-tchang adressait un rapport au trône pour l'informer gravement qu'une tige de blé portant deux épis avait poussé dans la province du Tché-li et que ce prodige était un gage de félicité pour l'empire.

Les cartouches qui sont placés à côté des dessins sont pour la plupart fort altérés ; mais on peut rétablir le texte de plusieurs d'entre eux grâce au Traité sur les objets merveilleux de bon augure (xxviie, xxviiie et xxixe chapitres de l'Histoire des Song).

---

1. On trouvera néanmoins à la fin du volume, (estampage n° 6) la reproduction du fragment le mieux conservé de cette pierre.

PREMIÈRE PIERRE

Elle comprend trois registres qui sont eux-mêmes divisés en plusieurs panneaux.

PREMIER REGISTRE. Ce registre est le mieux conservé et on y distingue les sujets de cinq panneaux tandis qu'on n'explique qu'un seul panneau dans chacun des deux autres registres.

1er *panneau.* — Une sorte de nénuphar gigantesque; un homme s'élance vers lui; un autre se penche vers sa tige. A droite, on voit les deux mots : « le puits bouillonnant[1]. » Le Livre des Song dit : « Le puits bouillonnant, sans qu'on le creuse, se produit; lorsque le souverain est intègre et pur, ce phénomène doit apparaître. »

2e *panneau.* — Un trépied. — L'inscription du cartouche peut être reconstituée comme suit :

« Le trépied sacré, sans qu'on y fasse rien chauffer, cuit de lui-même;
« les cinq saveurs en sortent spontanément[2]. »

3° *panneau.* — Un quadrupède qui a le corps couvert d'écailles et porte sur le front une corne unique terminée en forme de boule. — L'inscription du cartouche, si on la complète, est ainsi conçue :

« Le *lin* (cf. Mayers, n° 389) n'a pas le ventre déchiré en mettant bas;
« mais, lorsqu'il est devenu vieux, il se rajeunit et c'est ainsi qu'il
« existe[3]. »

4° *panneau.* — Un dragon. — Le cartouche porte l'inscription :

« Lorsqu'on ne dessèche pas les étangs pour prendre les poissons,
« alors le dragon jaune se promène sur les eaux[4]. »

1. 浪井.
2. 神鼎不炊自孰五味自生.
3. 麟不刳胎殘少則至.
4. 不漉池如漁則黃龍游於池.

Les « Ordonnances pour chaque mois » (*Li-ki*, liv. IV, sect. I, part. II, trad. Legge, tome II, p. 260) défendent aux pêcheurs de dessécher les étangs pour prendre les poissons et aux chasseurs d'incendier les forêts pour s'emparer du gibier.

5° *panneau*. — Une plante à quinze rameaux et à côté d'elle une autre plante à six branches; on trouvera une représentation toute semblable de ces deux objets dans le premier registre de la planche XVIII; nous discuterons à cette occasion leur signification. — Qu'il nous suffise pour le moment de savoir que la plante à quinze rameaux est appelée le *ming-kié*, comme l'atteste le cartouche : « le *ming-kié*, au temps de Yao, (apparut) [1]. »

Deuxième registre. Le seul panneau distinct représente un animal assez semblable à un cheval, mais avec quatre pattes de devant. — L'inscription est ainsi conçue :

« L'animal à six pattes apparaît lorsque le souverain délibère avec le « peuple »;

c'est-à-dire lorsque le souverain n'agit pas suivant son bon plaisir, mais prend conseil de tous.

Troisième registre. Le seul panneau distinct représente un tigre accroupi. — L'inscription du cartouche peut-être reconstituée comme suit :

« Le tigre blanc. Lorsque le souverain n'est pas cruel, le tigre blanc « apparaît; il est doux et ne fait pas de mal aux hommes [2]. »

DEUXIÈME PIERRE

La planche VI, *a* et *b*, reproduit presque tout ce qui est distinct sur cette dalle; un panneau de droite fait seul défaut.

1. 莫莢堯時

2. 白虎王者不暴虐則白虎至仁不害人

PREMIER REGISTRE. 1ᵉʳ *panneau*. — Un cheval. — L'inscription du cartouche doit être ainsi conçue :

« Le cheval de jade. Lorsque celui qui règne est pur et sage et qu'il « honore les gens de bien, le cheval de jade apparaît[1]. »

2ᵉ *panneau*. — Une petite plaque de forme carrée. — L'inscription est la suivante :

« La perfection du jade apparaît lorsque les cinq vertus sont toutes « pratiquées[2]. »

Les cinq vertus sont l'humanité, la justice, l'urbanité, la prudence et la sincérité.

3ᵉ *panneau*. — Un ours. — L'inscription est conçue comme suit :

« L'ours rouge est doux ; lorsque toute perversité est éteinte, il ap- « paraît[3]. »

4ᵉ *panneau*. — Un arbre qui ressemble à un gros chou. — L'inscription est ainsi conçue :

« L'arbre *lien-li*. Lorsque par sa vertu celui qui règne réunit les huit « côtés (de la terre) en une seule famille, alors le *lien-li* apparaît[4]. »

5ᵉ *panneau*. — Un anneau de la forme qu'on donnait aux anneaux de jade. — L'inscription est ainsi conçue :

« L'anneau précieux *lieou-li* ; lorsque celui qui règne ne commet pas de fautes secrètes, il apparaît[5]. »

Lieou-li est le nom du verre ; les Chinois le prirent longtemps pour une pierre précieuse ; le fait que cette substance est ici représentée comme aussi rare que les chevaux à six pattes ou les tigres blancs prouve qu'on en avait très rarement vu.

1. 玉馬王者清明尊賢…則至.
2. 玉英五常並修則至.
3. 赤羆仁姦息則至.
4. 木連理王者德純洽八方爲一家則連理生.
5. 璧流離王者不隱過則至.

M. Hirth (*China and the Roman Orient*, p. 230) croit que le verre s'appelait autrefois en Chine *pi-lieou-li*; ce bas-relief ne donnerait-il pas plutôt à penser que les premiers objets en verre (*lieou-li*) que les Chinois connurent avaient la forme d'anneau (*pi*)? Par conséquent, dans le passage du *Ts'ien Han-chou* (*si-yu-tchoan*, à propos du pays de Ki-pin) où il est question pour la première fois du verre, il ne faut pas traduire, comme on l'a fait d'abord, que le pays de Ki-pin produit « du jade et du verre », ni, comme le veut M. Hirth, « que le pays du Ki-pin produit le *pi-lieou-li* ou verre », mais il faut dire qu'il produit « des anneaux précieux en verre ».

6° *panneau*. — Une tablette pentagonale. — L'inscription est ainsi conçue :

« La tablette noire. Lorsque les rivières et les sources coulent et se « répandent et lorsque les quatre mers communiquent entre elles, elle « apparaît[1]. »

7° *panneau*. — Un oiseau à deux têtes. — L'inscription est ainsi conçue :

« L'oiseau aux ailes accouplées. Lorsque les bienfaits de celui qui « règne atteignent les choses hautes et les choses éloignées, il apparaît[2].»

L'oiseau aux ailes accouplées est un être fantastique composé de deux moitiés symétriques d'oiseau, lesquelles se réunissent pour former un animal capable de voler.

8° *panneau*. — Un quadrupède dont il n'est resté que l'arrière-train ; le *Kin-ché-souo* le complète et l'affuble de deux têtes. — L'inscription est ainsi conçue :

« Le quadrupède aux épaules accouplées. Lorsque les bienfaits de « celui qui règne s'étendent jusqu'aux hommes et aux femmes non ma- « riés, il apparaît[3]. »

1. 玄圭水泉流通四海會同則至.
2. 比翼鳥王者德及高遠則至.
3. 比肩獸王者德及絕寡則至.

10

Cet animal est, dans la classe des quadrupèdes, l'équivalent de l'oiseau aux ailes accouplées. Quant à la phrase qui donne à entendre que
la bonté du souverain doit être singulièrement grande pour se faire
sentir même aux hommes et aux femmes non mariés, elle s'explique par
cette opinion généralement acceptée en Chine que le mariage est la
condition normale de l'homme et que l'individu non marié est presque
en dehors de la société.

9° *panneau*. — Un poisson. — L'inscription est ainsi conçue :

« Le poisson blanc. Lorsque le roi Ou traversait le gué de Mong, il
« sauta dans la barque[1]. »

L'anecdote à laquelle il est fait allusion ici se trouve rapportée par
Se-ma Ts'ien dans ses Annales de la dynastie des Tcheou. Lorsque le
roi Ou allait combattre le dernier souverain de la dynastie des Yn, il
arriva avec ses soldats au gué de Mong. « Le roi Ou, dit l'historien, tra-
versa la rivière ; au milieu du passage, un poisson blanc sauta hors de
l'eau et vint tomber dans la barque du roi. Le roi Ou se baissa et le ra-
massa pour l'offrir en sacrifice. » D'après la théorie des cinq éléments,
le blanc était la couleur de la dynastie des Yn ; le poisson blanc qui sau-
tait dans le bateau du roi Ou présageait que les soldats de Yn ne résis-
teraient pas à ceux des Tcheou, ce qui arriva en effet.

10° *panneau*. — Deux poissons accolés et n'en faisant qu'un. — On
reconstitue l'inscription comme suit, au moyen du Livre des Song :

« Le poisson aux yeux accouplés. Lorsqu'il n'y a rien, ni dans l'obs-
« cur ni dans le clair, que celui qui règne ne dirige, alors (ce prodige)
« apparaît[2] » (cf. panneaux 7 et 8).

11° *panneau*. — Une jarre. — L'inscription est ainsi conçue :

« La jarre d'argent, lorsque les châtiments sont bien proportionnés,
« apparaît[3]. »

1. 白魚武王渡孟津入於王舟．
2. 比目魚王者幽明無不衙則至．
3. 銀甖刑法得中則至．

DEUXIÈME REGISTRE. Ce registre est plus endommagé que le précédent, et le premier panneau où nous distinguons quelque chose est placé au-dessous du panneau que nous avons numéroté 4 dans la rangée supérieure.

1er *panneau.* — On lit les trois derniers mots de l'inscription :

« ... maître Heou-tsi[1]. »

Heou-tsi ou le dieu des moissons est, dans l'antiquité chinoise, la divinité corrélative de Heou-t'ou ou le dieu de la terre. On ne sait pas à quel propos il est ici représenté.

2e *panneau.* — Le relief est presque entièrement détruit ; mais on lit dans le cartouche la phrase suivante :

« Au temps de Hoang-ti, les barbares du sud, montés sur des cerfs « blancs, vinrent apporter en présent de la liqueur aromatisée[2]. »

3e *panneau.* — Un homme tenant à la main une sorte de petit fanion et monté sur un cerf. — Sur l'estampage, les caractères du cartouche sont entièrement effacés ; cependant l'auteur du *Kin-ché-souo*, ayant à sa disposition de meilleures copies, a pu reconstituer la phrase suivante :

« La tribu K'iu-seou, au temps de Yu, vint offrir en présent des vêtements fourrés[3]. »

4e *panneau.* — On voit l'avant-train d'un cheval. — D'après le *Kin-ché-souo*, l'inscription est la suivante :

« Le cheval blanc à crinière rouge ; quand celui qui règne emploie les « gens sages et vertueux, il paraît[4]. »

5e *panneau.* — On ne distingue rien sur l'estampage ; d'après le *Kin-ché-souo*, on voyait là un cheval, avec l'inscription :

1. ..... 主后稷.
2. 皇帝時南夷乘白鹿來獻巨鬯. Dans le Livre des Song, les deux derniers mots sont écrits 秬 鬯.
3. 渠搜氏禹時來獻裘.
4. 白馬朱鬣王者任賢良則至.

« Le cheval au poil luisant. Lorsque celui qui règne comprend les
« peines du peuple et l'attire à lui, le cheval au poil luisant apparaît[1]. »

6° *panneau*. — On ne distingue rien sur l'estampage ; d'après le *Kin-
ché-souo*, on voyait représenté un objet qui avait la forme de deux ron-
delles munies chacune de deux ailettes et réunies par une petite tige ;
dans le cartouche, on croit pouvoir lire que cet objet était un ornement
de tête en jade[2].

TROISIÈME REGISTRE. Ce registre est trop abîmé pour qu'on y puisse
rien reconnaître.

TROISIÈME PIERRE

La planche VII n'en reproduit qu'un fragment.

PREMIER REGISTRE. Un homme debout et un oiseau[3].

DEUXIÈME REGISTRE. Deux poissons accouplés et n'en formant qu'un
(cf. 10° panneau du premier registre de la deuxième pierre). L'inscription du cartouche est la suivante :

. « Le poisson aux yeux accouplés. Lorsque la vertu de celui qui règne
« s'étend au loin et lorsqu'il n'est rien que son intelligence ne pénètre,
« il apparaît[4]. »

TROISIÈME REGISTRE. A gauche, un quadrupède assez semblable à un
lion[5].

1. 澤馬王者勞來〔百姓〕則澤馬至.

2. 玉勝.

3. Dans le cartouche placé à gauche de l'oiseau, je déchiffre les mots : 有鳥如 ....
日 ..... 其鳴 ..... 動矣.

4. 比目魚王者息廣明無不通則至矣.

5. Dans le cartouche de gauche, je déchiffre les mots suivants : 有 ... 身長 ....
法 .. 見銜其尾 之則民.矣.

§ 4. — LES PIERRES DES CHAMBRES ANTÉRIEURES

Comme il est difficile de reconstituer les édifices dont faisaient partie les pierres des chambres antérieures, on les numérote simplement dans l'ordre où elles ont été trouvées. Cette remarque s'applique aussi aux groupes des chambres de gauche et des chambres postérieures.

PLANCHE VIII

Cette pierre, qui est la première, a 1ᵐ,50 de long sur 0ᵐ,32 de haut. Quatorze personnages debout y sont représentés. Ce sont, d'après le *Kin-ché-souo*, des disciples de K'ong-tse.

PLANCHE IX

Cette pierre (deuxième des chambres antérieures) est surmontée d'un chapiteau qui ne se trouve pas reproduit ici. L'estampage a 1ᵐ,97 de long sur 0ᵐ,52 de haut; il est divisé en deux registres.

Premier registre. Dix-neuf disciples de K'ong-tse; le neuvième à partir de la gauche est Tse-lou (子 路), comme nous l'apprend un cartouche.

Tse-lou est le surnom de Tchong Yeou (仲 由) qui fut un des plus célèbres disciples de Confucius; il vécut de 543 à 480 avant J.-C. Se-ma Ts'ien lui a consacré quelques pages dans le LXVIIᵉ chapitre de ses Mémoires historiques. Il occupait une charge importante dans le pays de

Wei ; le prince de cet État ayant été chassé du trône par une révolution, Tse-lou voulut faire périr les usurpateurs en incendiant l'estrade où ils se trouvaient rassemblés ; mais il ne put y réussir et fut frappé d'un coup qui brisa la jugulaire de son casque. Il rattacha avec calme sa jugulaire et mourut aussitôt après. Ce dernier trait d'héroïsme a été souvent rappelé par les poètes chinois [1].

DEUXIÈME REGISTRE. Un cortège où figure sans doute le défunt. Le second char à partir de la droite est celui du sous-préfet[2] ; le troisième est celui du secrétaire de la préfecture [3].

PLANCHE X

Cette pierre (la troisième des chambres antérieures) mesure 1^m,44 sur 0^m,68. Elle est divisée en deux registres.

PREMIER REGISTRE. Un pavillon et un arbre qui ressemblent beaucoup à ceux qui sont représentés au bas de la première pierre de la chambrette funéraire du pseudo-Ou Léang.

DEUXIÈME REGISTRE. On voit à droite un char qui est probablement celui de la personne en l'honneur de qui sont faites les sculptures ; en effet le cartouche porte l'inscription : *kiun-tch'o*[4], « char du sage » ; or le mot *kiun* est un terme élogieux qu'on applique au défunt, dans les épitaphes. Le char est précédé par deux hommes à pied, porteurs de petits

---

1. Cf. sur Tse-lou, Mayers, *Chinese Reader's Manual*, n° 91 et Legge, *Chinese Classics*, tome I, pp. 87 et 116 des *Prolégomènes*.

2. 此丞相車. Je ne donne la traduction de ces titres de fonctions que sous toutes réserves ; l'expression *tch'eng-siang* signifie le plus souvent : conseiller d'État ; mais l'étude des cortèges qui sont représentés sur d'autres dalles semble prouver que le sculpteur a voulu y représenter le personnel administratif d'une préfecture à la tête de laquelle, sans doute, était le défunt.

3. 門下功曹.

4. 君車.

étendards, et par deux cavaliers; puis vient le char du secrétaire de la
préfecture[1]; enfin le char du chef de police de la préfecture[2].

PLANCHE XI

Cette pierre (la quatrième des chambres antérieures) a 3^m,23 de long
sur 0^m,32 de haut.

Le cartouche placé à droite du premier personnage est très indistinct;
puis vient le char du receveur principal[3]; — quatre cavaliers qui marchent deux par deux; — le char du préfet[4]; — deux hommes à pied
porteurs de petits étendards; — deux cavaliers; — le char du secrétaire
de la préfecture[5]; — le char du chef de police de la préfecture[6]; — le
char du percepteur de la préfecture[7]; — deux cavaliers; — enfin un
homme tenant une tablette à la main reçoit avec respect le cortège.

Il est à remarquer que, si on fait abstraction du commencement et de
la fin de ce cortège, on retrouve exactement la même suite de personnages que dans le registre inférieur de la troisième pierre; c'est donc
un seul et même homme qui est appelé une fois *ling* et l'autre fois *kiun*,
c'est-à-dire que le défunt était préfet et que c'est bien par le mot *préfecture* qu'il faut traduire le terme assez vague *men-hia*.

PLANCHE XII *a* ET *b*

Cette pierre (la cinquième des chambres antérieures) se termine à sa

1. 門下功曹.
2. 門下游徼.
3. 主簿車.
4. 令車.
5. Cf. note 2.
6. Cf. note 3.
7. 門下賊曹.

partie supérieure en forme de pignon. Elle a environ 2 mètres de long sur 0^m,53 de hauteur jusqu'à la base du pignon et 0^m,90 jusqu'au sommet.

PIGNON. Ce pignon peut donner une idée de ce que sont ceux des autres pierres; la composition en est presque toujours la même; au centre, un personnage ailé est assis et une foule d'êtres plus ou moins fantastiques accourent vers lui. — A droite et à gauche de la figure centrale sont quatre petits lutins ailés ; le premier à gauche tient une sorte de baguette avec trois boules; c'est peut-être une branche de l'arbre aux trois perles, car, dit le *Chan-haï-king* (chap. *Haï-ouaï-nan-king*), toutes les feuilles de cet arbre sont des perles. — A droite, on remarque deux quadrupèdes qui ont chacun deux têtes humaines ; à gauche, deux êtres agenouillés dont l'un a une tête d'oiseau et l'autre une tête de cheval; derrière eux, un monstre qui a une face humaine et un corps d'oiseau. En haut, deux énormes crapauds volants prennent leurs ébats.

PREMIER REGISTRE. Vingt-deux disciples de K'ong-tse ; on n'en voit que vingt et un sur l'estampage qui est un peu écourté du côté droit.

DEUXIÈME REGISTRE. Un personnage debout avec l'inscription (invisible sur l'estampage) : « ceci est le chef du relais de poste » [1], voit partir un cortège qui se compose du char du maître des écritures [2], du char du receveur principal [3], de deux émissaires à cheval, du char et du cheval du défunt [4], de deux hommes à pied, de deux émissaires à cheval [5] et enfin de deux hommes à pied appelés « ceux qui s'interposent » [6]; ils étaient

---

1. 此亭長. Ce cartouche nous explique sans doute ce qu'est, dans les autres bas-reliefs analogues, l'homme debout qui regarde s'éloigner le cortège. Ce personnage était, en même temps que maître de poste, commandant d'un piquet de gendarmerie.
2. 主記車.
3. 主溥車.
4. 此君車馬.
5. 此騎吏.
6. 謁閒二人.

ainsi nommés probablement parce qu'on les plaçait devant les chars et les cavaliers.

PLANCHE XIII

Cette pierre (la sixième des chambres antérieures) a 2 mètres de long sur 0ᵐ,80 de haut. Elle est divisée en deux registres de largeur très iné- gale.

PREMIER REGISTRE. A droite, deux personnages assis par terre (ils sont à demi effacés sur l'estampage) bandent des arbalètes en tirant la corde d'une main et en repoussant l'arc avec les pieds; deux autres person- nages tiennent, l'un un bouclier et une épée, l'autre une arbalète; une femme agenouillée semble demander grâce. Les deux derniers chars à gauche sont, l'un le char du secrétaire[1] (le cartouche est effacé sur l'es- tampage), l'autre le char du commandant militaire[2]. La série se termine par trois cavaliers; on remarquera la hardiesse assez maladroite du sculpteur qui n'a pas craint de représenter un des chevaux tournant la tête en arrière.

DEUXIÈME REGISTRE. Un combat qui se livre à la fois sur terre, sur un pont et sur un cours d'eau où sont des bateaux; à droite, sont les chars du chef de la police[3], du percepteur[4] et du secrétaire[5]; à gauche, sont les chars du receveur principal[6] et du maître des écritures[7].

Ce dernier registre offre beaucoup d'analogies avec la septième

1. 功曹車.
2. 尉卿車.
3. 游徼車.
4. 賊曹車.
5. Cf. note 1.
6. 主簿車.
7. 主記車.

pierre des chambres postérieures (pl. XXXIV ; — cf. aussi la dixième pierre des chambres postérieures).

PLANCHE XIV

Cette pierre (la septième des chambres antérieures) mesure 1^m,96 sur 0^m,83. Elle est divisée en quatre registres.

PREMIER REGISTRE. 1re *scène.* — Le second personnage, à partir de la droite, est le général de Ts'i [1] qui interroge l'épouse juste [2]; celle-ci tient dans ses bras le fils de son frère aîné, tandis que son propre fils [3] est à l'arrière-plan. Nous avons donné l'explication de cette scène en décrivant la troisième pierre de la chambrette du pseudo-Ou Léang (pl. V, premier registre, 3e scène).

2e *scène.* — Quoique les cartouches soient effacés, il est facile de reconnaître, par comparaison avec la première pierre de la chambrette du pseudo-Ou Léang (pl. III, deuxième registre, 2e scène), l'anecdote relative à Min Tse-k'ien.

3e *scène.* — Le cartouche porte quatre mots ; le dernier est effacé, mais il est aisé de le rétablir. C'est l'histoire du fils pieux Hing Kiu [4] qui mâche la nourriture de son père (cf. pl. V, deuxième registre, 2e scène).

4e *scène.* — Le bas-relief est trop endommagé pour qu'on puisse savoir ce dont il s'agit. On distingue un char qui, d'après le cartouche, est « le char couvert de ? Siuen » [5]. Le cocher est resté sur le char; un autre personnage en est descendu et se tourne vers un enfant accroupi devant une sorte de jarre.

1. 齊將.
2. 義婦.
3. 義婦親子.
4. 孝子邢渠.
5. ? 宣蓋車.

DEUXIÈME REGISTRE. 1re *scène*. — Le personnage agenouillé est Po-yeou[1];
sa mère[2] qui tient un bâton à la main est debout devant lui. Ce Po-yeou
est sans doute identique au Po-yu dont nous avons raconté l'histoire
(pl. V, deuxième registre, 1re scène).

2e *scène*. — Lao-lai-tse[3] s'amuse comme un enfant devant ses parents[4]
(cf. pl. III, deuxième registre, 3e scène).

3e *scène*. — Cette scène comprend tout le reste du registre. Quoique
les cartouches soient endommagés, on peut les rétablir aisément au
moyen du xxxve chapitre des Mémoires historiques de Se-ma Ts'ien.
Voici, en effet, le début de ce chapitre : « Le fils puîné Sien, prince de
de Koan, et le fils puîné Tou, prince de Ts'ai, étaient fils du roi Wen, de la
dynastie des Tcheou, et frères cadets du roi Ou. Le roi Ou et ses frères
cadets étaient dix frères nés d'une même mère qui s'appelait T'ai-se et
qui était la première épouse du roi Wen. Le fils aîné s'appelait l'aîné
K'ao; le second était Fa, qui fut le roi Ou; le suivant était le fils puîné
Sien, prince de Koan; le suivant était Tan, duc de Tcheou; le suivant
était le fils puîné Tou, prince de Ts'ai; le suivant était le fils puîné
Tchen, prince de Ts'ao; le suivant était le fils puîné Ou, prince de
Tch'eng; le suivant était le fils puîné Tch'ou, prince de Houo; le suivant
s'appelait le fils puîné Fong, prince de K'ang; le suivant s'appelait le
fils cadet Tsai, prince de N'an[5]. »

1. 伯游也.

2. 伯游母.

3. 老萊子.

4. 萊子父母.

5. 管叔鮮蔡叔度者周文王子而武王弟也武王同
母兄弟十人母曰太姒文王正妃也其長子曰伯邑
考次曰武王發次曰管叔鮮次曰周公旦次曰蔡叔
度次曰曹叔振鐸次曰成叔武次曰霍叔處次曰康
叔封次曰冉季載.

Sur le bas-relief, à gauche, on voit assis le roi Wen et sa femme; leurs dix fils rangés par ordre de grandeur décroissante viennent à eux; derrière le plus jeune est une nourrice[1]. On remarquera que Tan, duc de Tcheou, est ici le troisième des fils et non le quatrième comme chez Se-ma Ts'ien; à cette importante différence près, la série est la même que dans les Mémoires historiques.

TROISIÈME REGISTRE. 1ʳᵉ *scène*. — Deux jongleurs font des tours d'adresse; deux personnes qui leur tournent le dos paraissent être les maîtres de la maison; en face d'elles sont trois convives qui regardent les jongleurs. Par terre sont disposés les plats d'un repas.

Le reste du registre est inexplicable; le second cheval, qui a été représenté par le sculpteur au moment où il hennit, est d'une très heureuse facture.

QUATRIÈME REGISTRE. Un homme et une femme placent un objet peu distinctif dans un bassin; — un homme tient un vase sur la margelle d'un puits (cf. pl. IV, quatrième registre) et va y verser l'eau qu'une femme a tirée dans un seau; — un jeune garçon a attaché un animal contre la maîtresse poutre du puits et est en train de l'écorcher; — deux hommes mettent des oiseaux dans un récipient; — deux autres jettent un porc dans une cuve; — un homme tire un animal qui semble être un veau. — Le reste du registre est effacé.

HUITIÈME PIERRE

Ce bas-relief est très abîmé. Il mesure 1ᵐ,42 de long; sa hauteur est de 0ᵐ,55 au point le plus élevé du pignon, d'environ 0ᵐ,40 sans le pignon. Il est divisé en deux registres.

1. 乳(申.

PREMIER REGISTRE. 1re *scène.* — K'ing K'o tente d'assassiner le roi de Ts'in (cf. pl. III, troisième registre, 3e scène).

2e *scène.* — Ts'ieou-hou fait des propositions déshonnêtes à sa propre femme qu'il ne reconnaît pas (cf. pl. V, troisième registre, 2e scène).

3e *scène.* — La femme laide du pays de Ou-yen réprimande Siuen, roi de Ts'i (cf. pl. IV, troisième registre, 4e scène).

DEUXIÈME REGISTRE. Chars et cavaliers; les cartouches sont effacés.

NEUVIÈME PIERRE

Cette pierre a les mêmes dimensions que la précédente; elle est très endommagée.

PREMIER REGISTRE. On distingue un cartouche avec les mots : « Ceci est Hoan, duc de Ts'i [1], » mais on ne sait pas quelle est l'anecdote dont il s'agit.

DEUXIÈME REGISTRE. Un cortège; au-dessus d'un des chars, on lit l'inscription : « époque où le sage (c'est-à-dire le défunt) avait la charge de... [2]. » — Un autre cartouche porte les mots : « char du *ou-kouan-yen* [3] » ; il est difficile de savoir ce qu'était cette fonction; le mot *yen* désigne le titulaire en premier d'une charge; il s'oppose au mot *chou* [4] qui désigne le titulaire en second; nous avons vu, en traduisant la stèle de Ou Jong, que ce personnage fut *ou-kouan-yen.* — Enfin un troisième cartouche porte l'inscription : « époque où le sage était intendant des marchés [5]. »

1. 齊桓公.
2. 君爲都時.
3. 五官掾.
4. 屬.
5. 君爲市掾時.

PLANCHE XV

Cette pierre (la dixième des chambres antérieures) mesure 1^m,54 sur 0^m,31.

Un cortège : un homme debout et tourné vers la gauche est sans doute le chef d'un de ces petits relais de poste et bureaux de gendarmerie qui étaient et sont encore échelonnés tout le long des grandes routes de Chine (cf. pl. XII, deuxième registre); — le char du receveur[1]; — un char avec le cartouche : « époque où il (le défunt) était inspecteur de la poste[2] ». Cette inscription est digne d'être notée; nous savons, en effet, par la stèle de Ou Jong, que ce membre de la famille Ou fut inspecteur de la poste; peut-être est-ce un indice que cette pierre faisait partie de la sépulture de Ou Jong. — Devant le char du maître de poste sont deux soldats[3] à pied; puis un char qui est celui de l'inspecteur des relais[4] (?).

PLANCHE XVI

Cette pierre (la onzième des chambres antérieures) a 0^m,93 de long sur 0^m,62 de haut. Elle est divisée en trois registres.

Premier registre. K'ing K'o tente d'assassiner le roi de Ts'in. Il a été saisi à bras le corps par un homme qui appelle à son secours un soldat armé d'une épée et d'un bouclier; Ts'in Ou-yang est prosterné par terre ; on voit la manche arrachée de la robe du roi, l'arme de K'ing K'o qui qui s'est enfoncée dans la colonne, la boîte contenant la tête de Fan Yu-k'i; le roi de Ts'in s'est réfugié derrière la colonne; il tient d'une main

1. 主簿.

2. 為督郵時 . On sait que la poste, en Chine, est un service d'État qui dépend du Ministère de la Guerre.

3. 二卒.

4. 行亭車 . La traduction que je donne de ce titre n'est rien moins que certaine.

un anneau de jade; à gauche, deux gardes saisis de peur se sont jetés par terre. — Nous avons déjà donné le commentaire historique de cette scène (pl. III, troisième registre, 3ᵉ scène; — cf. huitième pierre des chambres antérieures, premier registre, 1ʳᵉ scène; — pl. XXIV, deuxième registre).

DEUXIÈME REGISTRE. Deux chars couverts et un cavalier; les cartouches sont effacés.

TROISIÈME REGISTRE. Deux chars dont l'un est celui de l'inspecteur des relais [1] (?).

PLANCHE XVII

Cette pierre (la douzième des chambres antérieures) a 0ᵐ,71 de long sur 0ᵐ,55 de haut sans le pignon, lequel d'ailleurs n'est pas reproduit ici.

PREMIER REGISTRE. Huit femmes assises ou agenouillées font un repas.

DEUXIÈME REGISTRE. Char de l'émissaire qui ouvre la marche [2]; — un petit personnage ailé semble être un pur ornement destiné à remplir une place vide; — deux cavaliers.

TROISIÈME REGISTRE. Char du receveur [3]; — un animal plus ou moins fantastique qui est un simple ornement; — trois cavaliers.

PLANCHE XVIII

Cette planche reproduit une des faces de la treizième pierre des chambres antérieures. Cette pierre n'est pas plate, comme les autres,

1. Cf. la note 4 de la page précédente.
2. 道吏車.
3. 主簿車.

mais a la forme d'un prisme triangulaire droit et est sculptée sur deux de ces faces. Tous les épigraphistes chinois ont omis de signaler cette particularité et ont entièrement passé sous silence la seconde face.

PREMIER REGISTRE. A droite, un personnage ailé prend un des rameaux d'un arbuste; cet arbuste, qui a quinze branches, est exactement semblable à celui qui est gravé sur la première planche d'objets merveilleux de bon augure (premier registre, 5ᵉ panneau); c'est donc le fameux *ming-kié* ou *li-kié*[1], la plante du calendrier. D'après le *Po-hou-t'ong*, recueil de recherches archéologiques rédigé par Pan Kou, cette plante poussait une feuille chaque jour, et cela pendant quinze jours; puis elle en perdait quotidiennement une pendant quinze autres jours, marquant ainsi avec exactitude le quantième du mois. M. Terrien de Lacouperie[2] a cru pouvoir établir un rapprochement entre cette plante et les arbres qui sont représentés par les artistes babyloniens; mais les arguments qu'il avance sont si vagues qu'ils échappent même à la discussion. Entre l'arbuste du calendrier chinois et le dattier de la Babylonie, il n'y a qu'un seul point commun, c'est qu'ils appartiennent tous deux au règne végétal; or ce ne sont pas seulement les Chinois et les Babyloniens qui ont attribué des vertus surnaturelles à certaines plantes, mais beaucoup d'autres peuples l'ont aussi fait. Une ressemblance aussi générale ne suffit pas à prouver un rapport de parenté.

A côté du *ming-kié* est une autre plante plus petite qui porte six rameaux; les commentateurs chinois n'expliquent point quel est son rôle. Je suppose que c'est l'arbuste indicateur des mois; pendant la première moitié de l'année, il aurait poussé une branche par mois; pendant la seconde moitié, il en aurait perdu une par mois. Les deux plantes réunies formeraient ainsi un calendrier complet.

Le gros arbuste touffu qui suit ces deux plantes est difficile à identi-

---

1. 蓂荚 ou 歷荚.

2. *Babylonian and Oriental Record*, tome II, pp. 149-159; tome IV, pp. 217-224 et 246-251.

fier ; il offre cependant beaucoup d'analogie avec celui qui est représenté sur la deuxième planche des objets merveilleux de bon augure (premier registre, 4ᵉ panneau). Or ce dernier est l'arbre *lien-li* qui offre cette singularité que ses rameaux communiquent entre eux.

A gauche, deux personnages ailés, dont l'un tient à la main un couteau, sont debout auprès d'une sorte de barrière quadrangulaire du milieu de laquelle sort un stipe ou une feuille de palmier. En haut, deux êtres ailés à faces humaine. — En dépit des épigraphistes chinois, M. Douglas veut que cet arbre soit un obélisque importé directement d'Égypte. Il est aisé de voir combien cette opinion est peu fondée; que viendrait faire l'aiguille de Cléopâtre au milieu de ces scènes purement et exclusivement chinoises ? et d'autre part, n'est-il pas légitime de supposer, comme le font les savants du Céleste Empire, qu'après les trois premiers arbres, l'artiste en a représenté un quatrième, consacrant ainsi tout le registre supérieur au règne végétal ?

DEUXIÈME REGISTRE. Un homme à genoux donne, avec des bâtonnets, à manger à une femme. — A gauche, un homme s'agenouille devant un objet informe, tandis qu'un autre personnage est debout derrière lui.

TROISIÈME REGISTRE. Le char du percepteur[1] ; — deux cavaliers ; — un homme debout les reçoit.

PLANCHE XIX

Cette planche reproduit la seconde face de la troisième pierre des chambres antérieures. Elle représente deux pavillons à deux étages. Dans le pavillon de droite, qui est le seul bien conservé, on voit au second étage quatre femmes et, au premier, trois hommes qui festoient; en bas sont des cuisines; des serviteurs s'empressent pour préparer les plats, et les apporter aux convives.

1. 賤曹車.

12

PLANCHE XX

Cette pierre, qui est la quatorzième des chambres antérieures, a des dimensions identiques à celles de la troisième pierre du même groupe et en est la reproduction presque exacte.

QUINZIÈME PIERRE

Cette pierre, de petites dimensions, représente un char, deux hommes à pied, un second char, un cavalier et un homme debout qui reçoit le cortège.

Il est assez difficile de reconstituer les édifices auxquels appartenaient ces pierres ; elles semblent cependant être les débris de chambrettes analogues à celles du pseudo-Ou Léang. Ainsi, les pierres 2 et 5 sont toutes deux surmontées d'un pignon, ont les mêmes dimensions et sont divisées en un même nombre de registres représentant des sujets analogues ; elles formaient sans doute les deux parois latérales d'une chambrette ; mais, comme elles sont fort peu hautes, peut-être faut-il superposer la deuxième pierre sur la septième et la cinquième sur la sixième. — De même, la huitième pierre superposée à la troisième et la neuvième superposée à la onzième auraient formé les parois latérales d'une seconde chambrette.

§ 5. — LES CHAMBRES DE GAUCHE

PLANCHE XXI *a* ET *b*

Cette planche comprend deux pierres qui se font suite. La première seule fut trouvée en 1789 et est décrite dans les recueils épigraphiques chinois tels que le *Kin-ché-souo* et le *Kin-ché-soei-pien*; la seconde a été découverte seulement en 1820 et je ne connais aucun ouvrage chinois qui en parle.

PREMIER REGISTRE. On remarque à droite l'inscription que Li K'o-tcheng et ses collègues ont fait pour commémorer leur découverte des pierres des chambres de gauche; on a lu la traduction de ce texte dans la II° section de l'Introduction.

1re *scène*. — L'inscription du cartouche est conçue en ces termes :

« Yen-chou vivait seul dans sa demeure; par un vent déchaîné et une « pluie battante une femme vint lui demander asile; elle monta dans la « maison et franchit la porte. Lui, il alluma une torche pour qu'il fît « clair, car il craignait de donner lieu aux soupçons. Avant qu'il fût « jour, la torche fut à bout; alors il tira les chaumes de la toiture pour « continuer l'éclairage [1]. »

Le bas-relief montre le pudique Yen-chou sacrifiant sa toiture pour

[1.] 顏叔獨處飄風暴雨婦人乞宿升堂入戶燃燕自燭懼見意疑未明燕盡搯苫續之.

sauver sa réputation et prenant à poignées du combustible[1], tandis que devant lui se tenait agenouillée la femme qui est venue lui demander asile[2].

2ᵉ *scène*. — Le bas-relief est très endommagé, mais, grâce aux mots du cartouche qui ont été conservés, on peut voir de quoi il s'agit. Se-ma Ts'ien, dans le LXXVIIᵉ chapitre de ses Mémoires historiques, a écrit la biographie de Vou-k'i, prince de Sin-ling et frère cadet du roi de Wei. Ce prince était un modèle de vertu et honorait fort les gens de bien; un jour il alla chercher lui-même en voiture un sage du nom de Heou Yng. Celui-ci voulut éprouver le prince et lui demanda de s'arrêter sur la place publique pour qu'il pût causer avec un de ses amis nommé Tchou-haï; il descendit donc du char et s'entretint avec son ami pendant fort longtemps sans paraître se soucier du prince qui l'atten-dait; tous les passants s'étonnaient de l'impertinence d'une telle conduite, mais Vou-k'i ne changea pas de visage et resta avec patience sur la place jusqu'à ce que Heou Yng eût fini son collogue. A partir de cet inci-dent, Heou Yng fut le plus sûr conseiller du prince.

C'était sans doute cette anecdote que le bas-relief représentait, car on peut lire dans le cartouche les lambeaux de phrase suivants :

« Le fils du roi .... prince de Sin-ling, réserva la place d'honneur.....

« Heou Yng..... s'attarda à causer avec Tchou-haï.... (le visage du

« prince) ne changea pas[3]. »

3ᵉ *scène*. — La biographie de Wang Ling se trouve dans le XLᵉ cha-pitre de l'Histoire des premiers Han. Wan Ling était originaire du district de P'ei; Lieou Pang, qui devait être plus tard le premier souverain de la dynastie des Han, était né dans la même localité et ces deux hommes entretinrent dans leur jeunesse une étroite amitié. Pen-

1. 顏叔握火.

2. 乞宿婦.

3. 公子‧‧魏信陵君虐左‧‧‧‧‧侯嬴‧‧侯朱亥言語‧‧‧‧‧ 不改.

dant les troubles qui éclatèrent à la fin de la dynastie des Ts'in, Lieou
Pang forma un parti et Wan Ling s'y rattacha. Le compétiteur de Lieou
Pang, Hiang Yu, qui déjà s'était proclamé roi du pays de Tch'ou, se
saisit de la mère de Wang Ling dans l'espoir d'obliger ce dernier à se
rallier à lui. Cette femme parvint à voir secrètement un messager de son
fils et lui dit en pleurant : « Je désire que vous rapportiez mes paroles
à (Wang) Ling ; qu'il serve bien le roi Han (Lieou Pang), car le roi Han
est celui qui grandira ; qu'il n'ait pas, à cause d'une vieille femme, deux
cœurs ! C'est pour mourir que je vous ai suivi. » A ces mots elle se jeta
sur une épée et mourut.

On voit sur la seconde pierre, à droite, un général du roi de Tch'ou[1] ;
la mère de Wang Ling se coupe la gorge avec un couteau en présence
de l'envoyé du roi de Han[2]. Le cartouche relatif à cette scène se trouve
à l'extrémité gauche de la pierre. Le sens complet de de cette inscription est sans doute le suivant :

« La mère de Wang Ling fut faite prisonnière par (le roi de) Tch'ou ;
« Ling était officier des troupes (du roi) de Han et était en guerre avec
« Hiang Yu. Sa mère vit un envoyé (du roi) de Han et lui dit : « Han est
« celui qui grandira ! » Alors elle se jeta sur une épée et mourut, afin
« d'encourager son fils[3]. »

DEUXIÈME REGISTRE. 1re *scène.* — Cette scène occupe toute la première
pierre et le commencement de la seconde. Il est difficile de savoir exactement ce qu'elle représente, parce qu'aucun texte historique ne nous en
fournit le commentaire. D'après les cartouches, on voit qu'il s'agit d'un
certain Fan Chou, originaire de Ouai-hoang, dans le département de
Tch'en Lieou, et que ce personnage demande aux autorités de la prison

1. 楚將.
2. 漢使者.
3. 王…獵扴楚陵爲漢將與項相距毋見漢使曰漢
長者自伏劍死以免其于.

de Ouai-hoang à subir un châtiment à la place de son frère aîné, K'ao [1].
Ce frère aîné [2] est l'homme qui a une entrave ou un instrument de supplice au pied droit; derrière lui est un des magistrats de la prison de
de Ouai-hoang [3]; dans une maison à gauche est assis le préfet [4]; Fan Chou
est tout à l'extrémité de la scène; c'est le second personnage de la
seconde pierre.

2e *scène*. — Pour comprendre cette scène, il faut se reporter au commentaire du *Tch'oen-ts'ieou* par Tso K'ieou-ming, à la deuxième année
du duc Siuen (Legge, *Chinese Classics*, tome V, Ire partie, pp. 288 et
290).

Tchao Toen, dont le surnom était Siuen-mong, était un des conseillers de Ling, duc de Tsin. Ce prince avait une fort mauvaise conduite;
Siuen-mong lui en fit souvent des reproches. Le duc s'irrita contre lui et
projeta de le tuer; il l'invita à un banquet, après avoir au préalable
caché des soldats dans la salle. Un homme de la suite de Siuen-mong,
nommé T'i Mi-ning, découvrit l'embûche; il pénétra dans la chambre
et voulut faire échapper son maître; le duc Ling lança contre lui un
molosse furieux; T'i Mi-ming le tua; mais les soldats sortirent alors et
firent périr le fidèle serviteur. Cependant, il y avait parmi ces soldats un
homme nommé Ling Tché. Autrefois Siuen-mong l'avait trouvé mou-
rant de faim dans les champs et lui avait donné à manger sous un mûrier
touffu; par reconnaissance, Ling Tché tourna ses armes contre ses compagnons et permit ainsi à Siuen-mong de s'enfuir.

L'estampage représente le duc Ling assis et lançant son chien contre
T'i Mi-ming qui le reçoit à coups de pied. Tchao Siuen-mong s'enfuit à
gauche.

Ou peut déchiffrer sur le cartouche les membres de phrase suivants :

1. 義士范贖陳留外黃兄......贖詣寺門求代考軀....
2. 范贖兄考.
3. 外黃獄吏.
4. ...令.

« Siuen-mong était un haut fonctionnaire du pays de Tsin; il avait
« donné à manger à (Ling) Tché sous un mûrier touffu. Le duc Ling...
« irrité, cacha des soldats pour l'attaquer... T'i (Mi) ming, le chien...
« Ling-Tché... du milieu des soldats [1]. »

PLANCHE XXII

Je suppose que cette planche reproduit la seconde pierre des chambres
de gauche. Ni le *Kin-ché-tsoei-pien* ni le *Kin-ché-souo* ne disent un mot
de cette seconde pierre et ils n'ont pas la moindre note qui justifie cette
omission; on ne peut donc apprendre des épigraphistes éhinois quel
était le sujet de ce bas-relief; mais comme cet estampage est le seul
qui reste après que tous les autres ont été identifiés, il est très probable
qu'il est précisément la reproduction de cette dalle.

PREMIER REGISTRE. Dix-huit disciples de K'ong-tse.

DEUXIÈME REGISTRE. Un cortège; les cartouches explicatifs sont entièrement effacés.

PLANCHE XXIII

L'estampage mesure 2^m,09 de long sur 0^m,68 de haut. Cette pierre (la
troisième des chambres de gauche) est divisée en deux grands panneaux :
le premier qui ne comprend qu'un seul registre, le second qui en comprend trois.

1er *panneau.* — L'événement qui est ici représenté est rapporté par
Se-ma Ts'ien à la vingt-huitième année du règne de l'empereur Ts'in

---

1. 宣孟晉卿餔輒翳桑靈公 怒伏甲攻之 提明 犬
靈輒...甲中.

Ché-hoang-ti, c'est-à-dire à l'an 94 avant J.-C. Mais l'historien se borne à mentionner le fait, et, pour trouver quelques détails, nous sommes obligés de recourir au commentaire du *Choei-king*, à l'article de la rivière Se 泗 .

La quarante-deuxième année (327 av. J.-C.) de Hien, roi de la dynastie des Tchéou, neuf trépieds sacrés, gages de la sécurité de l'empire, disparurent dans la rivière Se 泗 . Lorsque Ts'in Ché-hoang-ti eut pris le pouvoir, les trépieds furent vus dans une rivière qui portait aussi le nom de Se, mais écrit d'une manière différente 泝 ; Ts'in Ché-hoang-ti crut que sa vertu avait égalé celle des trois anciennes dynasties et se réjouit fort. Il envoya plusieurs milliers d'hommes (Se-ma Ts'ien dit mille hommes) faire des recherches dans la rivière ; pendant longtemps elles restèrent infuctueuses ; enfin on réussit à accrocher un trépied et on le sortait déjà de l'eau lorsqu'un dragon coupa la corde avec ses dents. Le trépied retomba dans la rivière et plus jamais on ne le revit.

Sur le bas-relief, on voit la tête du dragon sortant du trépied et coupant la corde ; les hommes qui étaient sur les digues et tiraient leur trouvaille hors de l'eau tombent tous à la renverse. Au-dessus d'eux, deux personnages, qui ont chacun derrière eux des subalternes debout ou agenouillés dans une attitude respectueuse, paraissent surveiller l'opération ; sur le fleuve, des hommes sont montés dans des barques et l'un d'eux est en train de pousser le trépied avec une perche. — Tout en bas, des pêcheurs mettent des poissons dans des sortes de nasses.

2ᵉ *panneau*. — PREMIER REGISTRE. En commençant à partir de la droite : trois femmes, dont l'une joue de l'instrument de musique appelé *kin* ; — trois hommes ; le second souffle dans une grande flûte ; le troisième tient devant ses lèvres un autre instrument de musique ; — trois jongleurs.

DEUXIÈME REGISTRE. Chars et cavaliers sans registres explicatifs.

TROISIÈME REGISTRE. Un puits ; — diverses scènes de cuisine.

PLANCHE XXIV

Cette pierre (la quatrième des chambres de gauche mesure 0ᵐ,62 sur 0ᵐ,80) ; elle est divisée en trois registres.

PREMIER REGISTRE. Un homme couché par terre paraît être protégé par un autre personnage qui tient au-dessus de lui une sorte de grand bouclier. Un homme armé d'un arc et suivi de deux de ses subalternes est en face d'eux.

DEUXIÈME REGISTRE. K'ing K'o tente d'assassiner le roi de Ts'in. La manière dont ce sujet est traité rappelle fort la onzième pierre des chambres antérieures (pl. XVI, premier registre ; cf. pl. III, troisième registre, 3ᵉ scène ; — huitième pierre des chambres antérieures, premier registre, 1ʳᵉ scène).

TROISIÈME REGISTRE. A droite, Fou-hi avec son équerre ; à gauche Niu-koa avec son compas (cf. planche III, premier registre, 1ᵉʳ panneau).

PLANCHE XXV

Cette pierre (la cinquième des chambres de gauche) a les mêmes dimensions que la précédente et est, comme elle, divisée en trois registres.

PREMIER REGISTRE. Deux hommes sont debout auprès d'un vase autour duquel s'enroule un serpent ; derrière chacun d'eux sont debout deux personnages qui se tiennent dans une attitude respectueuse.

DEUXIÈME REGISTRE. Un homme, descendu d'un char, donne à manger à un jeune garçon ; les caractères des deux cartouches sont effacés. On remarquera le lévrier assis devant le cheval ; les lévriers sont propres au Chan-tong. — Cette scène n'est pas sans avoir quelque analogie avec la quatrième scène du premier registre de la planche XIV.

13

TROISIÈME REGISTRE. Un homme est enlacé par un gigantesque serpent ; deux individus armés l'un d'une hache, l'autre d'un marteau, accourent pour le délivrer.

PLANCHE XXVI

Cette pierre (la sixième des chambres de gauche) mesure 1^m,43 sur 0^m,32. On y voit treize disciples de K'ong-tse. Ce bas-relief est très semblable au premier registre de la deuxième pierre des chambres antérieures.

PLANCHE XXVII

Cette pierre (la septième des chambres de gauche) mesure 0^m,70 sur 0^m,70 ; elle est divisée en trois registres.

PREMIER REGISTRE. La scène représentée est peu claire : à droite, trois hommes dont l'un tient un arc ; — deux enfants ; — un homme qui monte sur le toit d'une maison ; dans cette demeure, un homme est assis ; — un autre personnage est agenouillé au dehors dans une posture de suppliant.

DEUXIÈME REGISTRE. Quoique les cartouches soient effacés, les auteurs du *Kin-ché-souo* ont découvert ce dont il s'agissait. L'anecdote est tirée de Yen-tse[1] qui écrivit les annales du royaume de Ts'i pendant l'époque où il vivait, c'est-à-dire sous les règnes des ducs Tchoang (552-546) et King (546-488). Voici ce que rapporte cet auteur. Kong Soen-kié, Tien K'ai-kiang et Kou Yé-tse étaient des sujets de King, duc de K'i. C'étaient des gens braves, mais incultes. Yen-tse suggéra au duc l'idée de leur offrir deux pêches sous la condition que le plus courageux d'entre eux les mangerait. Les trois hommes se disputèrent sur leur valeur res-

1. 晏子.

pective et finirent par se couper tous la gorge. C'est ainsi que trois braves moururent pour deux pêches.

On voit sur le bas-relief les trois rivaux l'épée à la main se querellant
auprès des deux pêches; à droite sont Yen-tse, le duc et un de ses officiers.

TROISIÈME REGISTRE. Un char, deux cavaliers, un homme debout.

PLANCHE XXVIII

Cette pierre (la huitième des chambres de gauche) a les mêmes dimensions que la précédente ; elle est divisée en quatre registres.

PREMIER REGISTRE. En commençant à partir de la droite, on reconnaît
Ting-lan consultant la statue de son père (cf. pl. III, deuxième registre,
4ᵉ scène) ; — puis Hing Kiu mâchant la nourriture de son père (cf. pl.
V, deuxième registre, 2ᵉ scène, et pl. XIV, premier registre, 3ᵉ scène) ;
la dernière scène représente peut-être Kin Je-ti se prosternant devant
l'image de sa mère (cf. pl. V, deuxième registre, 6ᵉ scène).

DEUXIÈME REGISTRE. Deux scènes différentes, mais toutes deux inexplicables : dans la première, trois hommes agenouillés et un jeune garçon debout sont devant une femme qui tient un enfant dans ses bras ;
— dans la seconde, un homme et une femme sont agenouillés devant
une autre femme.

TROISIÈME REGISTRE. Cette scène est tout à fait semblable à celle que
nous verrons représentée sur une des pierres du village de Lieou et sur
la septième pierre du Hiao-t'ang-chan ; or les cartouches qu'on lit sur
ces autres bas-reliefs nous apprennent que le jeune garçon placé au centre est le jeune roi Tch'eng, de la dynastie des Tchéou ; à gauche s'agenouille son oncle, le duc de Tcheou, qui exerçait la régence de l'empire.
Le duc de Tcheou est célèbre pour être resté d'une fidélité à toute
épreuve envers le jeune souverain et pour n'avoir point cherché à s'emparer lui-même du pouvoir.

QUATRIÈME REGISTRE. Un char; — un animal fantastique qui n'est qu'un ornement pur et simple; — trois cavaliers.

NEUVIÈME PIERRE

Ce bas-relief représente un pavillon et un arbre *ho-hoan* et est très semblable aux sculptures de la planche **X**, premier registre, et de la planche **V**, dernier registre.

DIXIÈME PIERRE

On voyait sur cette pierre quatre-vingt-dix pièces de monnaie ratta-chées entre elles par des cordelettes.

§ 6. — LES PIERRES DES CHAMBRES POSTÉRIEURES

PLANCHE XXIX

Cette pierre (la première des chambres postérieures) mesure 1^m,36 sur 1^m,06; elle est divisée en trois registres.

PREMIER REGISTRE. Poissons, grenouilles et tortues armés en guerre. Dans un char tiré par deux poissons est un personnage qui semble le roi de cet empire aquatique. A droite et à gauche sont ses gardes, à cheval sur des poissons. Il est difficile de trouver dans la littérature ou dans l'art chinois un autre monument qui permette de jeter quelque lumière sur les légendes dont a dû s'inspirer l'auteur de ce curieux bas-relief.

DEUXIÈME REGISTRE. Ce registre est trop indistinct pour qu'on puisse découvrir quelles scènes y sont représentées.

TROISIÈME REGISTRE. Divers personnages debout; la plupart ont des ailes dans le dos.

PLANCHE XXX

Cette pierre (la seconde des chambres postérieures) mesure 1^m,35 sur 1^m,02. Elle est divisée en deux registres.

PREMIER REGISTRE. Cortège de dragons et d'êtres ailés se dirigeant de droite à gauche. On remarque à droite un char dans lequel est assis un personnage ailé; un autre personnage plus petit paraît être le cocher des trois dragons qui tirent le véhicule.

DEUXIÈME REGISTRE. Il semble que ce soit ici le royaume des airs. Tous les habitants de cet empire sont des êtres ailés qui reposent sur des nuages. En haut, à droite, deux personnages assis paraissent être les maîtres de céans. Les auteurs du *Kin-ché-souo* supposent que l'un d'eux est la fameuse reine d'Occident, la Si Wang-mou, qu'alla voir le roi Mou, de la dynastie des Tcheou; l'autre serait le roi d'Orient, le Tong Wang-kong. La première de ces deux divinités doit avoir été à l'origine le chef de quelque tribu de l'Asie centrale[1]; la légende la transforma peu à peu et lui donna tous les attributs d'un mythe solaire; c'est pour compléter ce mythe qu'on inventa le roi de l'Orient.

Voici ce que dit le *Chen-i-king* attribué à Tong Fang-chouo, au sujet de ces deux personnages : « Dans les contrées sauvages de l'est, au milieu des montagnes, il y a une grande habitation en pierre; le vénérable roi de l'Orient y demeure; il est grand de 10 pieds; sa chevelure est toute blanche; il a un corps d'homme, une face d'oiseau et une queue de tigre; il est monté sur un ours noir; à gauche et à droite il surveille tout et regarde au loin; sans cesse avec une femme de jade, il lance des flèches et prend pour cible l'ouverture d'un vase; chaque partie est de douze cents points[2]; lorsqu'une flèche entre et ne ressort pas, le ciel en soupire; lorsque la flèche rebondit au dehors mais qu'elle retombe sans se fixer, le ciel en rit[3]. »

Tong Fang-chouo dit encore : au sommet du mont K'oen-loen, « il y a un oiseau géant; son nom est *hi-yeou*[4]; il regarde vers le sud; il étend son aile gauche pour supporter le vénérable roi d'Orient; son aile droite supporte la mère-reine d'Occident; sur son dos est un petit endroit sans plumes grand de 19,000 *li*. La mère-reine d'Occident, une fois l'an, monte sur le long de l'aile et va se réunir au vénérable roi de l'Orient[5]. »

1. Voyez la remarquable traduction que le Dr E.-J. Eitel a donnée du *Muh-t'ien-tsze-chuen* dans la *China Review*, vol. XVII, pp. 223-240 et 247-258.
2. Littéralement, 1200 rebondissements; la flèche doit pénétrer dans le vase et en sortir en rebondissant contre le fond.
3. Début du *Chen-i-king*; cet ouvrage se trouve dans le *Han Wei-ts'ong-chou*.
4. C'est-à-dire « rare ».
5. *Chen-i-king*, début de la section *Tchong-hoang-king*.

PLANCHE XXXI

Cette pierre (la troisième des chambres postérieures) mesure 1^m,45 sur 1^m,09. Elle est divisée en quatre registres.

PREMIER REGISTRE. Un cortège qui offre une certaine ressemblance avec celui du premier registre de la pierre précédente; à droite, trois personnages, le premier debout, les deux autres prosternés attendent les arrivants; un dragon montre sa tête au-dessus d'eux; — deux dragons, montés par des êtres ailés, sont comme les éclaireurs du cortège; derrière eux, un dragon se dresse et se cabre; deux petits êtres à demi cachés dans un nuage viennent à la rencontre de deux dragons montés par des cavaliers ailés; enfin le personnage principal apparaît assis dans un char tiré par trois dragons.

DEUXIÈME REGISTRE. A gauche, un homme est accroupi; sa bouche souffle le vent et le feu; puis vient le dieu du tonnerre assis sur un char; il ouvre de grands yeux et frappe à tour de bras sur deux tambours placés à sa droite et à sa gauche; le char est tiré par six jeunes garçons. Deux personnages tiennent des jarres d'où doit jaillir la pluie; sous un dragon à deux têtes qui représente peut-être l'éclair, un émissaire du tonnerre tue un homme en le frappant avec un ciseau et un marteau; deux émissaires semblables sont à droite et à gauche du dragon, tandis qu'au-dessus de lui une femme tient de la main droite une jarre et de la gauche une sorte de fouet. A droite, en bas, deux hommes, les cheveux hérissés, paraissent frappés de stupeur.

TROISIÈME REGISTRE. La série commence par deux êtres bizarres qui ont une tête énorme et rappellent les barbares que décrit Wang Wen-k'ao (cf. section V de l'Introduction). Celui de droite tient un enfant par le bras et paraît en train de l'avaler. Le second a, aux pieds, aux mains et sur la tête, des armes de guerre. Les autres personnages semblent accourir pour les attaquer, mais il est difficile de savoir ce que représentent ces scènes.

QUATRIÈME REGISTRE. Un cavalier; —un homme a chargé sur ses épaules un animal qui paraît être un sanglier; — un autre porte une bête que le *Kin-ché-souo* dit être un tigre et en traîne un autre par terre; — un homme cherche à déraciner un arbre; — enfin divers personnages font avancer un porc et un bœuf. — Tous les cartouches de ce registre sont effacés.

PLANCHE XXXII

Cette pierre (la quatrième des chambres postérieures) a 1^m,50 de long sur 0^m,94 de large. Elle est divisée en quatre registres.

PREMIER REGISTRE. Un cortège. Le personnage principal est assis avec son cocher dans un char tiré par des animaux fantastiques.

DEUXIÈME REGISTRE. Le dieu du tonnerre et ses servants (cf. pl. XXXI, deuxième registre).

TROISIÈME REGISTRE. Il semble que le sculpteur ait voulu représenter ici des nuages.

QUATRIÈME REGISTRE. On reconnaît à gauche les sept étoiles de la Grande Ourse ou du Boisseau, comme l'appellent les Chinois; le centre du boisseau forme comme un char où est assis le dieu de la constellation. A droite, un petit génie ailé tient une étoile à la main; c'est probablement le dieu de l'étoile Tchao-yao (β du Bouvier). On ne sait pas ce que signifient le char et l'émissaire à cheval qui sont arrivés auprès du maître de la Grande Ourse.

PLANCHE XXXIII

Cette pierre (la cinquième des chambres postérieures) mesure 1^m,46 sur 0^m,96. On y voit divers cortèges fantastiques qui sont très remarquables de mouvement et de vie. Dans le second registre, à droite, on reconnaît Fou-hi avec son équerre et Niu-koa avec son compas.

SIXIÈME PIERRE

Ce bas-relief ne présente qu'une ligne de chars et de cavaliers; il est très endommagé et tous les cartouches sont effacés.

PLANCHE XXXIV

Cette pierre (la septième des chambres, postérieures) mesure $2^m,07$ sur $0^m,78$. On y voit un combat qui se livre sur un pont et aux environs d'une rivière (cf. pl. XIII, deuxième registre et dixième pierre des chambres postérieures.)

HUITIÈME PIERRE

Ce bas-relief, qui mesure $1^m,43$ sur $0^m,57$, est divisé en deux registres, le registre supérieur se terminant en forme de pignon; quoiqu'il soit très endommagé, on y devine des hommes, des chevaux et des chars qui n'ont rien de surnaturel.

NEUVIÈME PIERRE

Ce bas-relief, qui mesure $2^m,05$ sur $0^m,85$, est divisée en deux registres surmontés d'un pignon.

PIGNON. Une divinité ailée est assise; autour d'elle se pressent une foule de petits lutins et d'êtres surnaturels; on remarque à droite deux lièvres pilant des drogues magiques dans un mortier (cf. pl. XXXVIII).

PREMIER REGISTRE. Vingt disciples de K'ong-tse.

DEUXIÈME REGISTRE. Chevaux et chars.

14

DIXIÈME PIERRE

Ce bas-relief, qui se termine à sa partie supérieure en forme de pignon, mesure 1^m,42 de long sur 0^m,58 de haut. Il représente un combat sur un pont (cf. pl. XIII et XXXIV).

Il paraît à peu près impossible de reconstituer les édifices dont ces dalles sont les débris. Tout au plus peut-on supposer que la huitième et la dixième pierre se faisaient vis-à-vis dans une chambrette analogue à celle du pseudo-Ou Léang ; or on remarquera que ce sont précisément deux des bas-reliefs qui offrent le plus de ressemblances avec ceux des autres groupes. Quant aux scènes mythologiques dont sont couvertes les cinq premières pierres, elles ne rappellent en rien ce que nous avions étudié auparavant ; en outre, aucune de ces dalles ne se termine en forme de pignon ; il n'est donc point sûr ni qu'elles aient été sculptées à la même époque, ni qu'elles aient fait partie d'édicules comme celui du pseudo-Ou Léang.

§ 7. — BAS-RELIEF REPRÉSENTANT LA VISITE DE K'ONG-TSE A LAO-TSE

PLANCHE XXXV

Ce bas-relief a 1ᵐ,56 de long sur 0ᵐ,30 de haut. Il se trouvait à l'origine sur le même emplacement que les débris de la chambrette du pseudo-Ou Léang ; mais Hoang I le transporta dans la salle des études à Tsi-ning-tcheou. C'est ce dont fait foi une petite inscription placée à la gauche de la pierre ; elle est conçue en ces termes :

« Le bas-relief représentant la visite de K'ong-tse à Lao-tse est cité
« dans le *Li-siu* de Hong (Kouo) ; sous le règne de Kien-long, pendant
« l'hiver de l'année *ping-ou* (1786), Hoang I, originaire de Ts'ien-t'ang,
« trouva cette pierre au pied de le montagne Ou-tché, dans la sous-pré-
« fecture de Kia siang ; il la transporta avec soin dans la Salle des Études
« à Tsi-ning-tcheou. »

Se-ma Ts'ien a raconté dans sa biographie de Lao-tse (chapitre LXIII des Mémoires historiques) l'entrevue des deux grands hommes ; ce passage ayant été traduit par Stanislas Julien dans son Introduction au *Livre de la voie et de la vertu* (pp. XIX et suiv.), nous le reproduirons ici :

« Confucius se rendit dans le pays de Tcheou pour interroger Lao-tseu sur les rites.

« Lao-tseu lui dit : Les hommes dont vous parlez ne sont plus ; leurs corps et leurs os sont consumés depuis bien longtemps. Il ne reste d'eux que leurs maximes.

« Lorsque le sage se trouve dans des circonstances favorables, il monte sur un char ; quand les temps lui sont contraires, il erre à l'aventure. J'ai entendu dire qu'un habile marchand cache avec soin ses richesses et semble vide de tout bien ; le sage, dont la vertu est accomplie, aime à porter sur son visage et dans son extérieur l'apparence de la stupidité.

« Renoncez à l'orgueil et à la multitude de vos désirs ; dépouillez-vous de ces dehors brillants et des vues ambitieuses. Cela ne vous servirait de rien. Voilà tout ce que je puis vous dire.

« Lorsque Confucius eut quitté Lao-tseu, il dit à ses disciples : Je sais que les oiseaux volent dans l'air, que les poissons nagent, que les quadrupèdes courent. Ceux qui courent peuvent être pris avec des filets, ceux qui nagent, avec une ligne ; ceux qui volent, avec une flèche. Quant au dragon qui s'élève au ciel, porté par les vents et par les nuages, je ne sais comment on peut le saisir. J'ai vu aujourd'hui Lao-tseu : il est comme le dragon ! »

D'après le philosophe Tchoang-tse, Confucius aurait été âgé de cinquante et un ans lorsqu'il vint voir Lao-tse[1] ; il eut avec lui de nombreux entretiens qui se terminent toujours par des sarcasmes de Lao-tse à son égard.

Cette entrevue, qui est un cadre admirable pour un dialogue philosophique, est un fait historique rien moins que certain; de tous temps et en tous lieux l'imagination populaire a volontiers admis que des héros ou des penseurs illustres s'étaient rencontrés, même quand la chronologie y répugne : à des époques plus civilisées, les Dialogues des morts ont été un artifice littéraire destiné à lever les scrupules du lecteur instruit et à lui faire accepter la possibilité de l'entrevue. La personnalité de Lao-tse est trop entourée de légendes pour qu'on sache à quoi s'en tenir sur le rôle qu'il a joué et l'époque où il a vécu ; Se-ma Ts'ien lui-même, dans un passage que Stanislas Julien a omis de traduire, mentionne une prédiction qu'un certain Tan, qui est peut-être Lao-tse, fit au duc de Ts'in, en 373 avant J.-C., cent vingt-neuf ans après la mort de Confucius.

1. *Tchoang-tse*, avec traduction de M. Giles, p. 182 ; cf. pp. 144, 166, 184, 189, 266 et 282.

D'autre part, si nous nous reportons aux écrivains taoïstes, tels que Ko-hong[1], Lao-tse aurait vécu au XIe siècle avant notre ère.

Cette incertitude des traditions relatives à Lao-tse a permis de supposer, sans trop d'invraisemblance, qu'il avait discuté avec Confucius ; il faut avouer que le choix des deux interlocuteurs était heureux : Confucius est un moraliste qui se soucie peu de la métaphysique et veut trouver un mobile et une règle des actions humaines dans la vie sociale elle-même ; il invite l'homme à ne pas s'inquiéter des dieux, mais à remplir ses devoirs de bon père de famille et de citoyen utile ; comme Socrate, il a fait descendre la philosophie du ciel sur la terre. Lao-tse soutient au contraire que toute action est mauvaise par elle-même ; il faut renoncer à la vie politique et à la vie de famille, tuer en soi tout désir et toute affection, et, affranchi de tout ce qui constitue l'individualité, c'est-à-dire la limitation et l'imperfection de l'être, s'identifier, par le non-agir, avec la raison universelle. C'est du haut des régions sereines où l'élève cet intellectualisme transcendant que Lao-tse raille et bafoue les philosophes qui, comme Confucius, non seulement ne condamnent pas l'activité, mais prétendent en faire la raison même de l'existence en lui donnant pour but l'intérêt de la patrie et du genre humain.

Au centre du bas-relief, on voit à droite Lao-tse, à gauche K'ong-tse ; celui-ci tient dans ses mains deux oiseaux parce que c'était la coutume dans la Chine ancienne qu'un visiteur apportât quelque petit présent à celui qu'il venait voir ; entre les deux sages est un jeune garçon ; d'après le *Kin-chĕ-souo*, c'est un serviteur qui a été envoyé par Lao-tse pour nettoyer le chemin au devant de son hôte, et l'objet qu'il tient à la main est un balai. A gauche est le char de K'ong-tse.

---

1. Cf. Stanislas Julien, Introduction au *Livre de la Voie et de la Vertu*, p. xxv.

——

CHAPITRE II

LES BAS-RELIEFS DU HIAO-T'ANG-CHAN
ET LA PIERRE DU VILLAGE DE LIEOU

————

§ 1. — LES BAS-RELIEFS DU HIAO T'ANG-CHAN

——

Quoique ces bas-reliefs soient antérieurs à ceux de la famille Ou, nous avons préféré en faire la description en second lieu parce que, les indications écrites y étant fort rares, l'explication des scènes qui y sont représentées pourra nous être quelquefois facilitée par les sculptures que nous avons déjà étudiées.

Les épigraphistes chinois numérotent de 1 à 10 les bas-reliefs du Hiao-t'ang-chan et ajoutent une pierre trouvée à une époque ultérieure. Mais, en réalité, les n°° 9 et 1 ne sont qu'une seule et même dalle ; il en est de même des n°° 10 et 2 et 3 et 4, ce qui réduit le nombre total des bas-reliefs à huit, au lieu de onze.

Nous décrirons ensemble les deux bas-reliefs numérotés 9 et 1, 10 et 2 (pl. XXXVI et XXXVII). Ils se font suite en effet et constituaient le fond de la chambrette ; chacun d'eux a 1^m,80 de long sur 1^m,10 de haut.

REGISTRE INFÉRIEUR DES PLANCHES XXXVI ET XXXVII (n°° 1 et 2). La scène est encadrée par une bordure qui semble représenter un moule pour fondre les pièces de cuivre que nous appelons sapèques. On voit la place des pièces de monnaies et les petites rigoles par lesquelles le métal fondu se répand dans toutes les matrices.

Dans ce cadre sont trois pavillons à un étage ; à chaque extrémité de chaque pavillon est une colonne qui supporte deux petits toits. Les sommets et les angles des toits sont ornés d'animaux divers reproduits souvent avec une singulière exactitude ; ainsi on remarquera sur le toit supérieur de la colonne de droite un hibou ; sur le toit inférieur, une grue et de l'autre côté un oiseau de proie qui fond sur un lièvre.

Sur l'étage de chaque pavillon sont assises sept, huit ou neuf personnes qui se regardent les unes les autres et ne paraissent se livrer à aucune occupation bien définie.

Au-dessous des trois pavillons sont représentées trois scènes très analogues entre elles : un personnage central se prosterne devant un homme à genoux ; une arbalète est suspendue au-dessus de sa tête. Devant et derrière sont des hommes debout qui tiennent en main la tablette *hou*.

Sur les colonnes des pavillons, quelques passants ont gravé, à des époques ultérieures, de courtes inscriptions qui sont aujourd'hui presque entièrement effacées. La seule qui présente quelque intérêt est la suivante :

« Le vingt-cinquième jour de la douzième lune de la vingt-troisième « année T'ai-ho (499 ap. J.-C.), le roi de Koang-ling et la seconde épouse « impériale vinrent en ce lieu ; que son royaume soit prospère et ait une « éternelle félicité, que ses descendants soient fidèles et pieux[1]. »

Le roi de Hoang-ling avait pour nom propre Yu 羽 ; il était frère cadet de Hiao-wen, empereur de la dynastie des Wei ; sa mère, qui était l'épouse en second du précédent empereur, Hien-wen, accompagna son fils, comme le prouve cette inscription, lorsqu'il alla résider dans le Chan-tong.

1. 太和二十三年十二月二十五日廣陵王太妃至 此國祚永慶子孫忠孝.

REGISTRE SUPÉRIEUR DES PLANCHES XXXVI ET XXXVII (n°ˢ 9 et 10). Ces bas-reliefs représentent le cortège d'un personnage dont le char est à gauche, suivi seulement de quatre cavaliers; en arrière du char, on distingue encore les mots : « char du grand roi »[1]. Qui était ce grand roi? C'est ce que rien ne nous permet de savoir. Son char est tiré par trois chevaux; à l'endroit où les rênes atteignent la tête des coursiers est placé un ornement qui a la forme d'un oiseau; le roi est assis seul derrière son cocher. Devant lui sont deux cavaliers, puis un char de musiciens : quatre personnages assis soufflent dans des musettes; deux hommes placés en avant et en arrière du véhicule sur des sièges élevés tiennent dans chaque main un marteau avec lequel ils frappent sur un gros tambour fixé à la barre de bois qui supporte le toit du char; ce toit se termine par deux têtes de dragons. Le char est tiré par deux chevaux. Devant marchent cinq paires de cavaliers, puis deux hommes à pied. Nous passons ensuite au second estampage (pl. XXXVI) qui est fort endommagé dans le coin de gauche; nous distinguons d'abord deux paires de cavaliers; l'un d'entre eux frappe sur un tambour fixé à sa selle; les trois autres soufflent dans des musettes; — quatre autres paires de cavaliers; plusieurs d'entre eux portent un carquois. Enfin viennent deux chars précédés de deux cavaliers; chaque char est tiré par deux chevaux et porte trois hommes qui se tiennent debout.

PLANCHE XXXVIII (n°ˢ 3 et 4).

Cette pierre a 2 mètres de long; elle se termine en forme de pignon et a 1^m,50 de haut jusqu'au sommet et 1^m,10 sans le pignon. Elle formait la paroi orientale de la chambrette.

Le pignon comprend trois rangées de personnages. Il est difficile de savoir ce que représente la plus élevée. Dans la seconde, on voit deux

1. 大王車.

15

hommes qui ont un trou à travers le corps ; on leur a passé un bâton dans ce trou et ils sont ainsi portés par deux serviteurs. La légende des hommes qui ont la poitrine perforée se trouve déjà dans les notes des Annales écrites sur bambou ; on y lit que la cinquante-neuvième année du règne de Hoang-ti le chef des « Poitrines perforées » vint faire sa soumission (cf. Legge, *Prolégomènes au Chou-king*, p. 109). Le *Chan-haï-king* (section *Haï-ouaï-nan-king*), le livre attribué à Ché-tse (chap. ɪɪ, p. 6 v°, dans l'édition de 1877 du *Han Wei ts'ong chou*) et l'ouvrage de Hoaï-nan-tse (chap. ɪᴠ, p. 11 v° de la même édition) mentionnent aussi ce peuple fantastique.

Dans la troisième rangée du pignon, on aperçoit le buste d'une divinité vers laquelle s'avancent des personnages qui apportent des rameaux de je ne sais quelle plante mystérieuse. A droite, un animal qui semble être un tapir ; à gauche, un lièvre qui pile des drogues dans un mortier ; deux autres lièvres viennent à lui ; le premier tient dans sa patte une sorte de petit bâton. Le lièvre est, d'après certaines traditions chinoises, un animal sacré qui prépare la drogue destinée à conférer l'immortalité ; nous aurons l'occasion plus loin (description de la pl. XLII) de parler d'une autre légende relative à cet animal.

Le premier registre au-dessous du pignon représente un cortège comprenant quatre soldats à pied, neuf paires de cavaliers, deux chars à un cheval, puis deux cavaliers.

Au-dessous est une longue file de personnages debout. A droite, on remarque cinq personnages de face ; ils portent le chapeau officiel et ont la ceinture de cérémonie qui retombe en formant deux grandes boucles ; on distingue au-dessus d'eux les deux mots 胡 王 (invisibles sur l'estampage) ; il est donc probable que ces personnages sont des rois barbares, c'est-à-dire des chefs des tribus nomades qui habitaient au nord et à l'ouest de la Chine. A droite et à gauche, des hommes viennent à eux dans une attitude respectueuse.

Entre deux des personnages de gauche, on déchiffre une inscription ainsi conçue :

« Le vingt et unième jour de la dixième lune de la première année

« Yong K'ang (167 ap. J.-C.), le préfet du T'ai-chan, Kao Miong, est venu
« exprès visiter ce lieu et le rappelle [1]. »

Au-dessous, à droite, une bataille entre des archers à cheval; à gauche de cette scène, trois prisonniers à genoux, les mains liées derrière
le dos; — une maison à un étage.

Au-dessous enfin, diverses scènes de chasse : deux hommes portent
des filets sur l'épaule ; un chien saisit entre ses dents la jambe postérieure d'un cerf ; à gauche, un char tiré par un bœuf; derrière ce véhicule, on remarque un homme qui tient un faucon sur le poing.

PLANCHE XXXIX (7e pierre)

Ce bas-relief devait sans doute former la paroi occidentale de la chambrette, car il a les mêmes dimensions que le bas-relief de la paroi orientale.

Au gauche du pignon, je crois reconnaître, par comparaison avec le
deuxième registre des planches XXXI et XXXII, le cortège du dieu du
tonnerre; le dieu frappe sur quatre tambours qui sont fixés à son char; il
est traîné par quatre jeunes garçons; devant lui, le dieu du vent souffle
si fort qu'il soulève le toit d'une maison.

A droite du pignon, on voit deux prisonniers qui ont des entraves aux
pieds; à côté d'eux est un homme armé d'un couteau.

Au-dessous se déroule un cortège au milieu duquel on remarque un
éléphant et un chameau. Le premier des personnages qui viennent recevoir le cortège est probablement un conseiller royal, comme le donne
à penser le mot 相 qu'on lit au-dessus de sa tête. Le sculpteur a sans
doute voulu représenter ici l'arrivée d'une ambassade d'un pays tribu-
taire à la cour de Chine.

[1] 泰山高令明永康元年十月二十一日故來觀記
之.

Au-dessous, à gauche, le jeune roi Tch'eng (成 王), de la dynastie des Tcheou, a à ses côtés le duc de Tchao et le duc de Tcheou qui l'aident à gouverner (cf. pl. XXVIII et XLIII).

Je ne sais pas ce que signifient les autres personnages de cette rangée ; à l'extrémité de droite, on voit un archer qui tire des flèches dans le filet qu'un autre homme porte sur son dos.

A l'étage inférieur, à partir de la droite, onze personnages paraissent converser entre eux; puis viennent des jongleurs : l'un d'eux lance et rattrape sept boules à la fois; un autre supporte une pyramide humaine de quatre jeunes garçons; derrière eux, deux individus frappent sur un gros tambour'(cf. le char des musiciens, registre supérieur de la pl. XXXVII); enfin tout un orchestre joue de divers instruments.

La dernière rangée représente des chars, des cavaliers et des personnages. La petite inscription placée à droite est fort analogue à celles que nous avons déjà traduites.

PLANCHE XL (5ᵉ pierre)

Ce bas-relief qui a la forme d'un pignon, mesure 2 mètres de long sur 0ᵐ,64 en son point le plus élevé.

Au centre est représenté la pêche d'un trépied; en haut, des personnages surveillent l'opération; sur les digues de la rivière, des hommes tirent le trépied avec des cordes; mais une des oreilles du trépied s'est cassée et une des escouades ne sert plus à rien. Des hommes sont assis ou debout dans des barques; l'un d'eux soutient le trépied avec une gaffe. Cette scène rappelle le premier panneau de la planche XXIII et doit donc représenter la recherche des trépieds des Tcheou ordonnée par Ts'in Ché-hoang-ti. Les auteurs du *Kin-ché-souo* rejettent cependant cette explication, mais ils ne donnent aucune raison de leur opinion.

En bas de l'estampage se déroule un cortège précédé par deux joueurs de flûte et reçus par un homme qui se tient dans l'attitude la plus respectueuse.

Dans l'espace libre de droite sont gravés des êtres fantastiques : oiseaux à trois têtes d'homme, quadrupèdes à deux têtes d'homme, etc.

PLANCHE XLI (6ᵉ pierre)

Ce bas-relief a exactement les mêmes dimensions que le précédent. Au sommet, un personnage est assis sous un dragon à deux têtes.

Au-dessous, un pont jeté sur une rivière; des deux côtés, plusieurs cavaliers s'avancent; — au milieu du pont, un char dont les chevaux ont pris peur; l'un d'eux s'est détaché des harnais, l'autre se cabre et résiste à l'homme qui le tient par la bride; deux hommes, qui étaient sans doute dans le char, tombent dans la rivière et sont secourus par des bateliers.

Entre les deux hommes qui tombent, on lit les mots : « calme et bonne fortune »[1]; c'est sans doute le vœu d'un passant qui demandait que son voyage fût exempt d'accident.

On trouve encore une fois le mot « calme, » à droite.

En bas, à gauche, on remarque une inscription qui est ainsi conçue :
« Le vingt-quatrième jour de la quatrième lune et la quatrième année
« Yong-kien (129 ap. J.-C.), le sage de Tchao-chan, au sud de la rivière
« T'o, dans la province de P'ing-yuen, vint passer devant cet édifice; il
« se prosterna et remercia l'influence sainte et surnaturelle[2]. »

Cette date est la plus ancienne de celles que nous relevons sur ces bas-reliefs.

S'il est permis de hasarder une conjecture pour expliquer quelle place occupait ce bas-relief, peut-être était-il accolé dos à dos au bas-relief nº 5 et reposait-il par une de ses extrémités sur la paroi du fond, à l'endroit où les deux pierres qui la constituent se raccordent, et par l'autre

1. 安吉.
2. 平原濕陰邵善君以永建四年四月二十四日來過此堂叩頭謝賢明.

extrémité sur une colonne placée devant la chambrette; ces bas-reliefs, en effet, ont en longueur exactement la profondeur de l'édicule; en outre, la longueur de la chambrette étant de 3ᵐ,40, les dalles du toit ne pouvaient pas (et la paroi du fond en est la preuve) être en un seul morceau; si elles étaient doubles, il fallait que le point où elles se rejoignaient fût soutenu et c'est les bas-reliefs 5 et 6 qui auraient joué le rôle de support.

PLANCHE XLII (8ᵉ pierre)

Cette dalle mesure 1ᵐ,86 sur 0ᵐ,23 de haut.

On reconnaît à gauche les sept étoiles de la Grande Ourse. La lune est représentée avec le lièvre et le crapaud que la tradition y loge.

M. Mayers (*Chinese Reader's Manual*, nᵒ 724) a soutenu que la légende du lièvre de la lune avait été apportée de l'Inde en Chine par l'intermédiaire du bouddhisme. On lit en effet dans les *Mémoires sur les contrées occidentales* de Hiuen Tchoang (646 ap. J.-C.) le conte suivant : Un renard, un singe et un lièvre s'étaient liés d'une étroite amitié; le maître des dieux prit la forme d'un vieillard et vint leur demander à manger; le renard lui apporta une carpe; le singe, des fruits; le lièvre ne trouva rien. Le vieillard le réprimanda. « Le lièvre, entendant ces paroles sévères, parla ainsi au renard et au singe : Amassez une quantité de bois et d'herbes, je ferai alors quelque chose. — À ces mots, le renard et le singe coururent à l'envi, et apportèrent des herbes et des branches. Lorsqu'ils en eurent fait un monceau élevé et qu'un feu ardent allait s'élever, le lièvre dit : O homme plein d'humanité, je suis petit et faible; et, comme je n'ai pu trouver ce que je cherchais, j'ose offrir mon humble corps pour vous fournir un repas. — À peine avait-il cessé de parler qu'il se jeta dans le feu et y trouva aussitôt la mort. — En ce moment, le vieillard reprit son corps de roi des dieux (Çakra), recueillit les ossements du lièvre, et, après avoir poussé longtemps de douloureux soupirs, il dit au renard et au singe : Comment a-t-il été le seul qui ait pu faire un tel sacrifice? Je suis vivement touché de son dévouement; et pour n'en pas laisser périr la mémoire, je vais le placer dans le disque de la lune, afin que son nom passe à la postérité. — C'est pourquoi tous les Indiens disent que c'est depuis cet événement qu'on voit un lièvre dans la lune[1]. »

Ce texte est-il suffisant pour prouver que la légende du lièvre dans la lune a été apportée par le bouddhisme? Pour trancher cette question, il importe de rappeler que la première mention qui ait été faite en Chine de l'Inde est due au voyageur Tchang K'ien[2] qui était allé comme ambassadeur dans l'Asie centrale vers la fin du IIe siècle avant notre ère et qui d'ailleurs ne parlait de l'Inde que par ouï-dire; en l'an 2 avant J.-C., I-ts'oen[3], envoyé du roi des Ta Yué-tché, enseigna les doc-trines bouddhiques au savant Ts'in King-hien[4] qui paraît avoir été le premier Chinois qui ait connu la religion nouvelle. Enfin c'est seule-ment en l'an 67 de notre ère qu'arrivèrent en Chine les deux premiers çramanas bouddhiques venus de l'Inde, Kaçyamâtanga[5] et Dharma-rakcha[6].

Or K'iu-yuen, qui mourut vers 294 ou 293 avant J.-C., dit dans son petit poème intitulé : « Questions célestes » : « Par quelle puissance l'astre de la nuit, après être mort, renaît-il de nouveau? quel est l'avan-tage qu'elle a? cependant on prétend que c'est le lièvre qu'elle a dans son sein[7]. » En d'autres termes, l'avantage que possède la lune, ce n'est pas, comme quelques-uns le disent, qu'elle porte un lièvre dans son sein,

---

1. *Mémoires sur les contrées occidentales*, traduction de Stanislas Julien, tome I, p. 376.

2. 張騫.

3. 伊存. Voir sur l'introduction du bouddhisme en Chine, le chapitre CXIV et dernier de l'histoire des Wei.

4. 秦景憲.

5. 攝摩騰.

6. 竺法蘭.

7. 天問 §9 : 夜光何德死則又育厥利維何而顧菟在腹. Le mot 菟 est l'équivalent de 兔.

mais c'est qu'en vertu d'une puissance mystérieuse elle renaît après être morte. — Malgré sa briéveté, ce passage est décisif, car l'ouvrage d'où il est tiré est daté d'une manière certaine et sa forme rythmée nous garantit l'exactitude de la leçon. Nous pouvons donc affirmer que la légende du lièvre dans la lune existait en Chine avant que ce pays fût entré en relation avec l'Inde et que le bouddhisme n'a certainement pas été le véhicule qui a permis la migration de cette fable, à moins peut-être que ce n'ait été pour la transporter de la Chine dans l'Inde.

La même remarque s'applique à la légende du crapaud car certains textes indous[1] identifient la grenouille avec la lune et on pourrait être tenté d'y reconnaître l'origine de la fable. Mais Lieou-ngan[2], qui mourut en 122 avant J.-C., parle déjà du *tch'an-tchou*, c'est-à-dire du crapaud qu'on voit dans la lune, et ce texte paraît aussi antérieur au bouddhisme chinois.

Dans les représentations qu'on fait du crapaud lunaire, cet animal n'a le plus souvent que trois pattes; sur ce bas-relief il en a quatre.

D'après certains récits dont on trouve un écho dans le petit ouvrage de Tchang Heng[3], ce crapaud ne serait autre que Tch'ang-ngo métamorphosée; Tch'ang-ngo était la femme d'un personnage mythique du nom de I[4] qui est censé avoir vécu sous le règne de l'empereur Yao; elle déroba à son mari la drogue d'immortalité que lui avait donnée la fameuse déesse reine d'Occident, et s'enfuit dans la lune où elle fut changée en batracien.

On ne peut guère traiter du crapaud et du lièvre de la lune sans parler aussi du corbeau du soleil; nous y sommes d'ailleurs amené par le

---

1. De Groot, *Les fêtes annuelles à Emoui*, trad. franç., tome II, pp. 485 et suiv.

2. Lieou-ngan, qui avait le surnom de Hoai-nan-tse dit, au chapitre vii du livre qui porte son surnom : 月中有蟾蜍 , au centre de la lune, il y a un crapaud.

3. 張衡 est l'auteur d'un traité astronomique intitulé 靈憲 . Je ne l'ai pas eu à ma disposition, mais j'en ai trouvé des citations dans le ccLxxxe chapitre de Ma Toan-lin.

4. 后羿 .

bas-relief lui-même qui représente cet oiseau au centre du disque solaire.

K'iu-Yuen, dans son poème des « Questions célestes », fait allusion à cette légende dans la phrase suivante : « Comment I a-t-il tiré sur les soleils? comment les corbeaux ont-ils dispersé leurs plumes [1]? » Voici l'antique fable que rappelle ce passage. Hi-ho, qui, dans d'autres textes est considéré comme un ou comme deux astronomes, eut dix fils à qui il donna des noms de soleils; neuf de ces fils étaient fort méchants; Yao ordonna à I, le mari de la célèbre Tch'ang-ngo, de les tuer à coups de flèches auprès du mont K'oen-loen; les plumes des corbeaux qui étaient dans ces soleils tombèrent à terre et ce lieu s'appelle aujourd'hui encore la mer des plumes ou *han-haï* [2]. C'est depuis ce jour qu'il n'y a qu'un soleil.

Lieou-ngan dit : « Dans le soleil, il y a le corbeau boiteux [3]. » Ce corbeau est appelé boiteux parce qu'il a trois pattes; ce nombre *trois* est le symbole de la perfection du principe mâle *yang* dont le soleil est l'essence. De même, s'il y a deux animaux dans la lune, c'est parce que le nombre *deux* est le symbole du principe femelle *yn*, dont la lune est l'essence. C'est pourquoi Tchang Heng [4] dit : « Le soleil est le principe de l'essence *yang*; en se resserrant, il produit un oiseau qui a la forme d'un corbeau et qui a trois pattes; la lune est le principe de l'essence *yn*; en se resserrant, elle produit des animaux qui ont la forme d'un crapaud et d'un lièvre. »

Wang Kia [5], qui vécut sous le dynastie des Tsin occidentaux (265-313 ap. J.-C.), parle, au x° chapitre de son *Ché-i-ki*, d'un palais merveilleux; parmi les richesses qu'il renferme, on remarque les suivantes :

1. 天 問 § 32.

2. 翰 海. Cette appellation ne signifie pas du tout « la mer desséchée », comme on l'a dit souvent à tort.

3. Hoai-nan-tse, chap. vii, p. 2 v°. 日中有踆烏.

4. Cité par Ma Toan-lin, chap. cclxxx.

5. 王 嘉, auteur du 拾 遺 記. Cet ouvrage fait partie du *Han Wei ts'ong chou*. Le texte que nous citons se trouve au chap. x, p. 4 v°.

16

On a suspendu une perle (proprement l'essence du feu) qui représente le soleil; on a sculpté un jade noir pour représenter le corbeau; avec du cristal de roche (proprement l'essence de l'eau) on a représenté la lune; avec un jade vert on a représenté le crapaud et le lièvre. »

Enfin Kouo Hien[1], qui vécut sous les Han orientaux (25-220 ap. J.-C.), relate dans son ouvrage intitulé *Tong-ming-ki* une légende qui témoigne d'une connexion entre la fable du corbeau à trois pattes et celle de la plante d'immortalité. Le magicien Tong Fang-chouo avait parlé à l'empereur Ou (140-86 av. J.-C.), de la plante qui empêche de vieillir, et, comme le souverain lui demandait plus de détails, il ajouta : « le corbeau à trois pattes descend souvent sur la terre pour manger cette plante; Hi-ho, voulant en disposer à son gré, boucha les yeux du corbeau avec sa main pour l'empêcher de descendre. »

Sur le bas-relief, on remarque à gauche du soleil, une femme assise à son métier; elle représente sans doute la constellation appelée la Tisserande 織女; cette constellation est formée des étoiles α, ε et γ de la Lyre et ce sont sans doute ces trois astres qui sont placés sur la tête de la femme. On trouvera dans l'ouvrage de M. de Groot sur les fêtes annuelles à Emoui (trad. franç., tome II, pp. 436 et suiv.), quelques détails au sujet du culte qui est rendu à cette divinité. Nous rappellerons que nous avons déjà eu l'occasion de citer une des légendes relatives à la Tisserande en parlant de Tong Yong (pl. V, deuxième registre, 3e scène).

Je ne suis pas parvenu à identifier les autres constellations qui sont représentées sur ce bas-relief.

DERNIÈRE PIERRE DES BAS-RELIEFS DU HIAO-T'ANG-CHAN

Ce bas-relief a été trouvé après tous les autres; il mesure 1^m,36 sur 0^m,28.

1. 郭憲, auteur du 洞冥記. Le passage qu'on va lire est au début du chap. IV. Cet ouvrage fait partie du *Han Wei ts'ong chou*.

Le haut de la pierre présente une bordure en forme de moule à sapèques (cf. pl. XXXVI et XXXVII). On y remarque les mots « septième
année, dixième mois » qui sont le reste d'une petite inscription gravée
à une époque ultérieure. Dans le cartouche central sont un homme debout porteur d'une sorte de hallebarde et un personnage efflanqué qui
se jette en avant à la poursuite d'un dragon.

§ 2. — LES PIERRES DU VILLAGE DE LIEOU

Il y a, dans le village de Lieou, qui dépend de la préfecture de Kia-siang, trois dalles sculptées de l'époque des Han. La première seule a des cartouches; c'est celle dont nous donnons ici la reproduction.

PLANCHE XLIII

L'estampage mesure 0^m,40 de large sur 0^m,82 de haut. Il est divisé en quatre registres.

PREMIER REGISTRE. Le personnage placé à gauche serait, d'après le *Kin-ché-souo*, le dieu de l'orage soufflant le feu et le vent.

DEUXIÈME REGISTRE. On distingue une roue et trois personnages dont les rôles paraissent difficiles à définir.

TROISIÈME REGISTRE. Au milieu, un jeune garçon qui est le roi Tch'eng 成王, de la dynastie des Tcheou. A gauche sont ses conseillers, le duc de Tcheou 周公 et le duc de Lou 魯公 (cf. pl. XXVIII et XXXIX).

QUATRIÈME REGISTRE. Deux chevaux, l'un à droite, l'autre à gauche d'un arbre.

FIN

TABLE

DES ESTAMPAGES REPRODUITS

ANGERS. — IMPRIMERIE ORIENTALE DE A. BURDIN ET Cie.

LA SCULPTURE SUR PIERRE EN CHINE.

Face nord du pilier de l'ouest.

Fragment de la face nord du pilier de l'ouest.

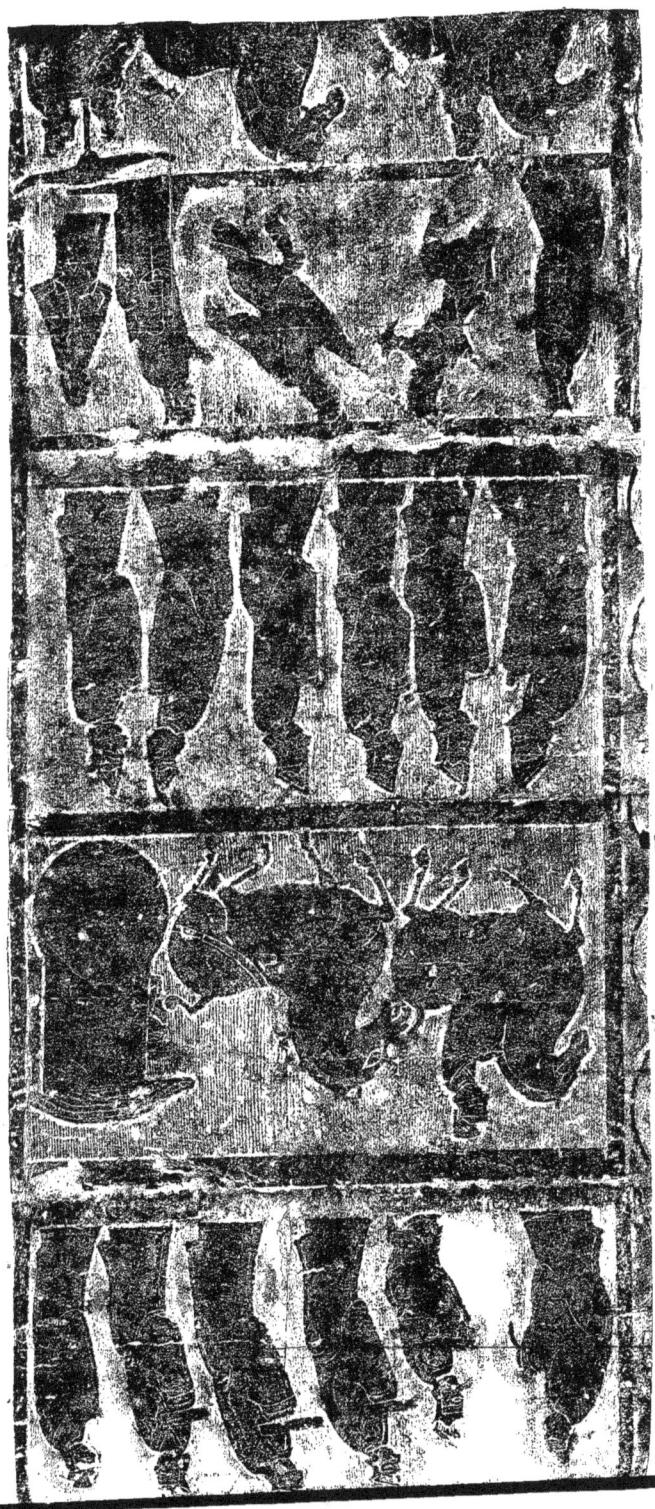

Face sud du pilier de l'ouest.

Première pierre de la chambrette funéraire du pseudo Ou Léang.

Deuxième pierre de la chambrette funéraire du pseudo Ou Léang.

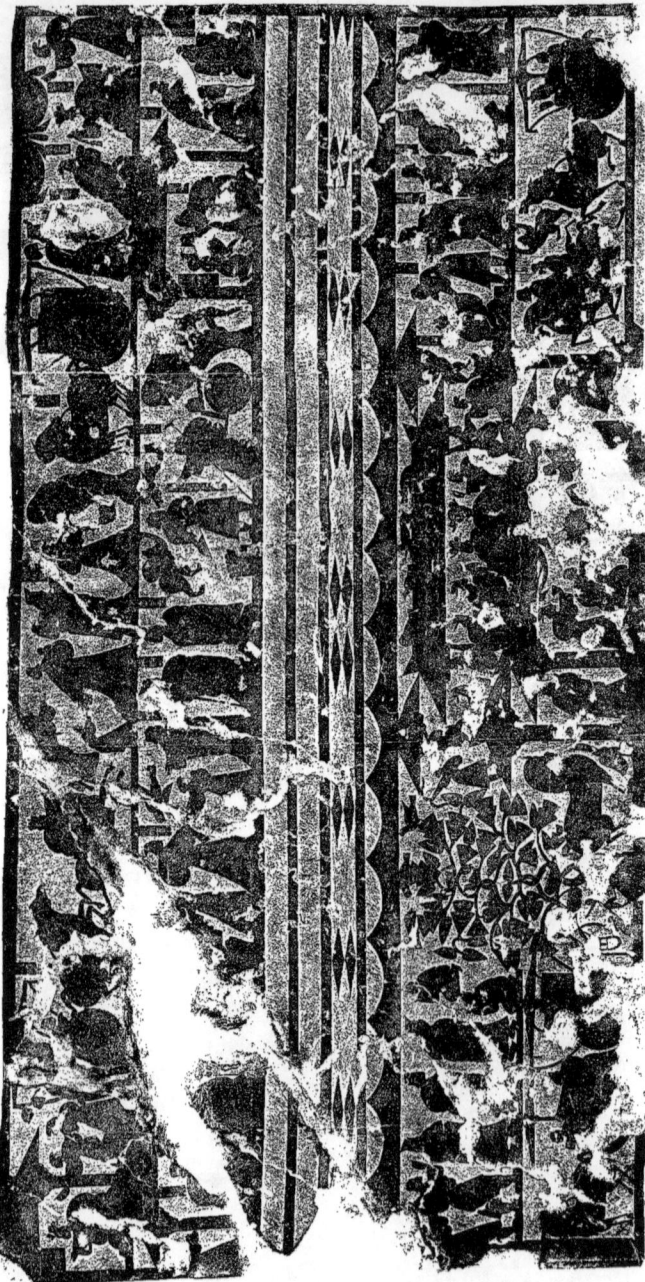

LA SCULPTURE SUR PIERRE EN CHINE.

Troisième pierre de la chambrette funéraire du pseudo Ou Léang.

Fragment central de la première planche des objets merveilleux de bon augure.
(On reconnait dans le premier registre le *lin*, dans le second l'animal à six pattes).

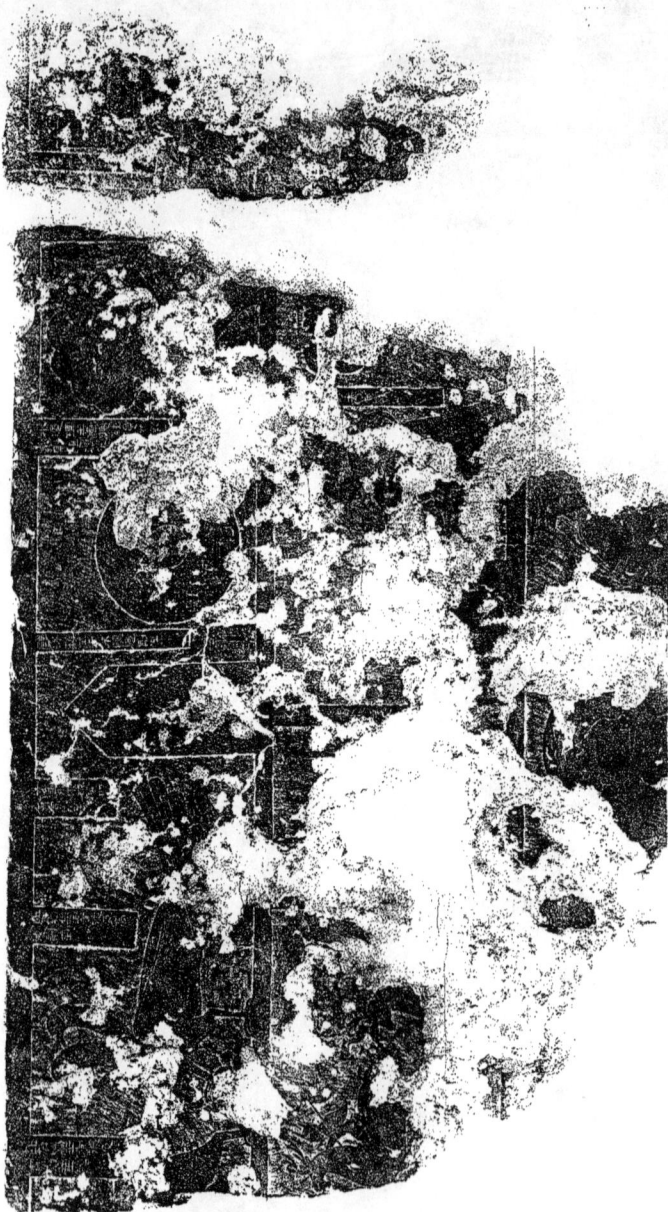

Fragment central de la seconde planche des objets merveilleux de bon augure.

Fragment de gauche de la seconde planche des objets merveilleux de bon augure.

Fragment de la troisième planche des objets merveilleux de bon augure.

SCULPTURE SUR PIERRE EN CHINE.

Première pierre des chambres antérieures.

LA SCULPTURE SUR PIERRE EN CHINE.

Deuxième pierre des chambres antérieures.

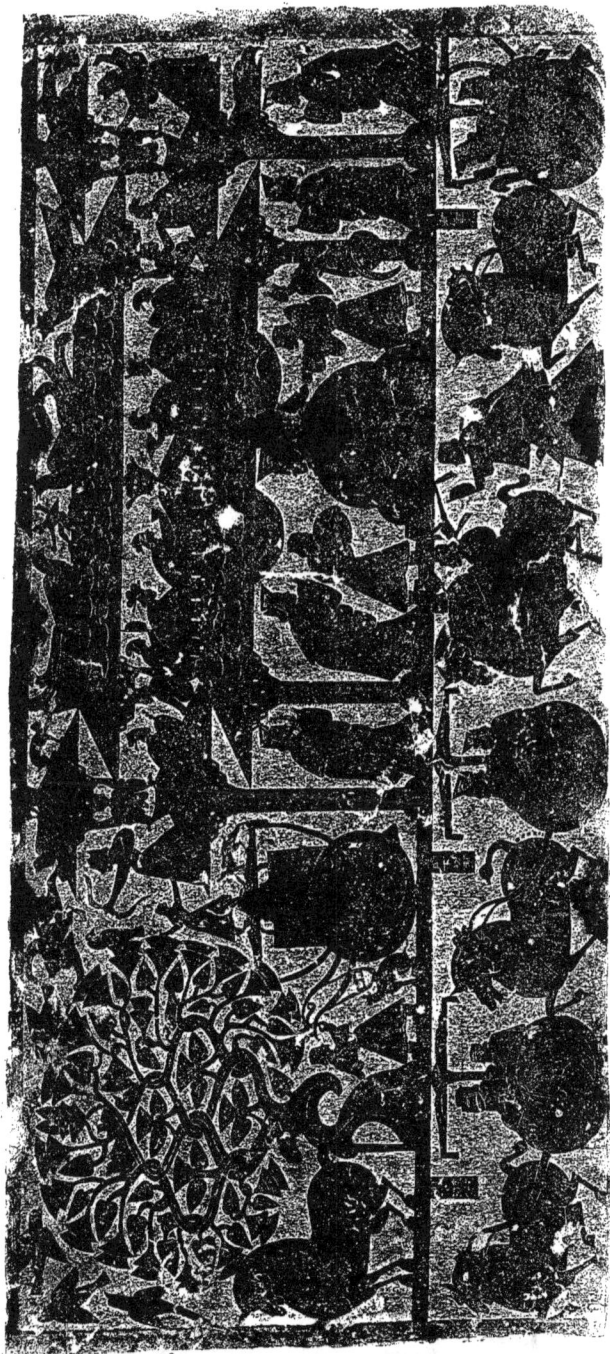

LA SCULPTURE SUR PIERRE EN CHINE.

Troisième pierre des chambres antérieures.

SCULPTURE SUR PIERRE EN CHINE.

Quatrième pierre des chambres antérieures.

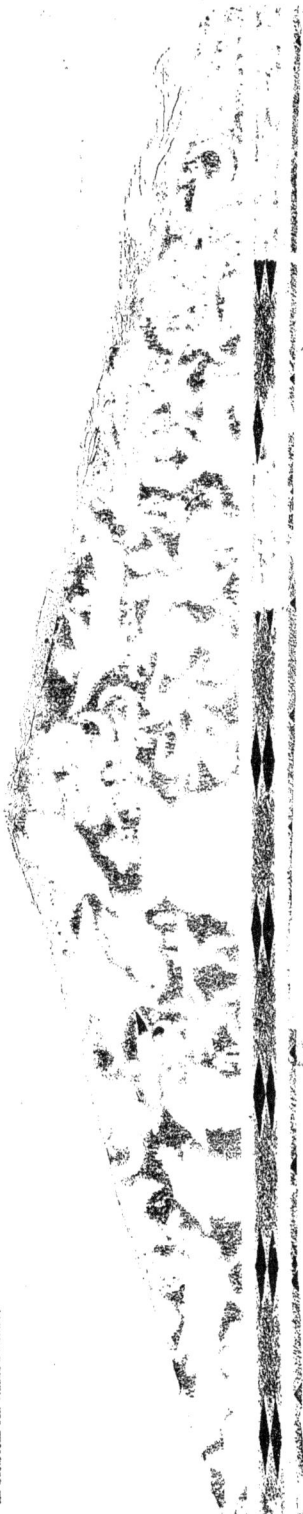

Pignon de la cinquième pierre des chambres antérieures.

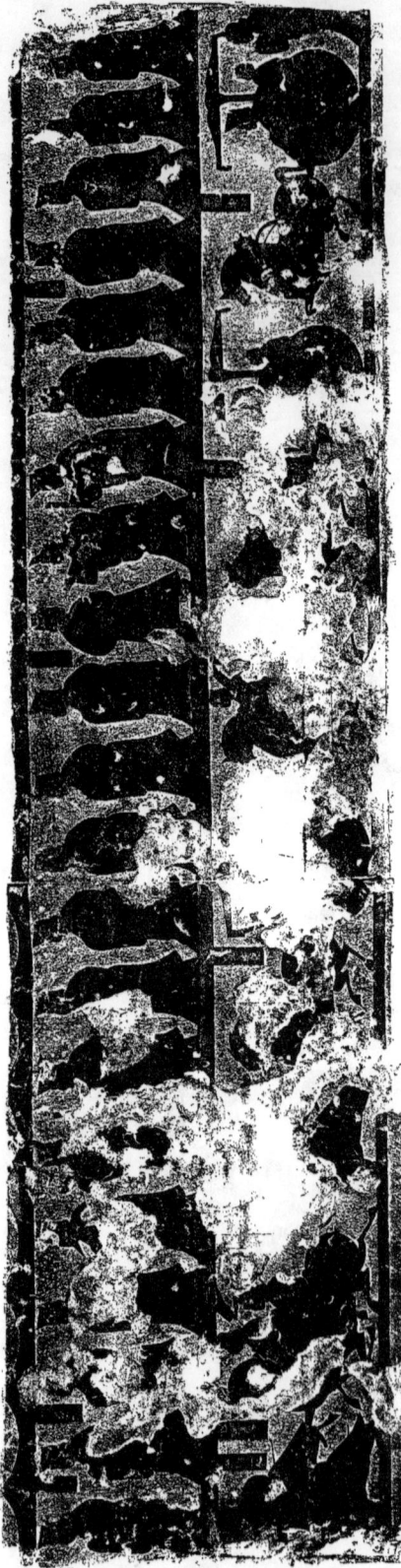

La Sculpture sur pierre en Chine.

Cinquième pierre des chambres antérieures.

La Sculpture sur pierre en Caire.

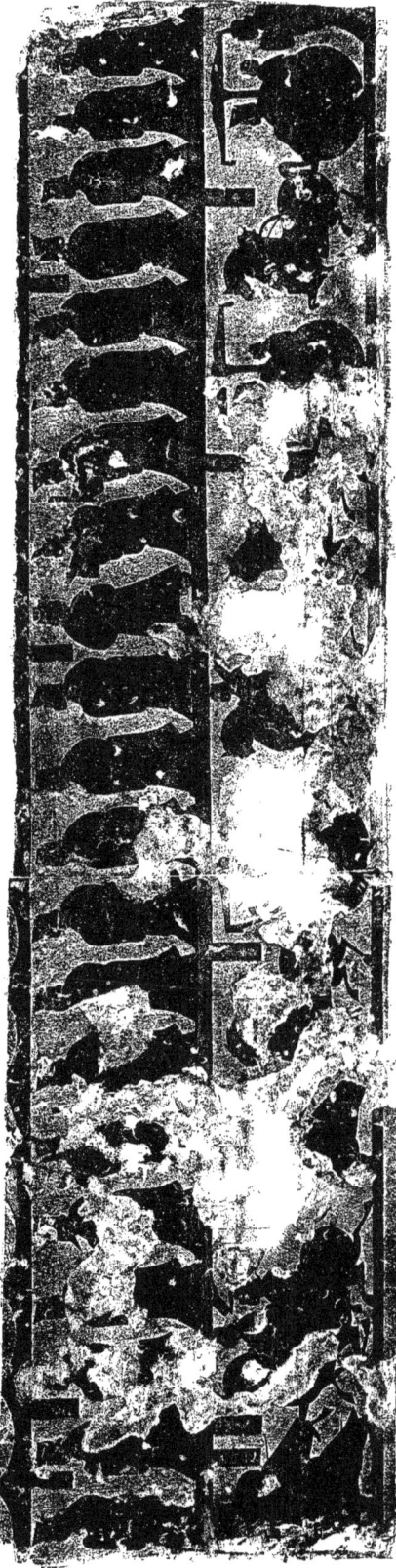

Cinquième pierre des chambres antérieures.

La Sculpture sur pierre en Chine.

Sixième pierre des chambres antérieures.

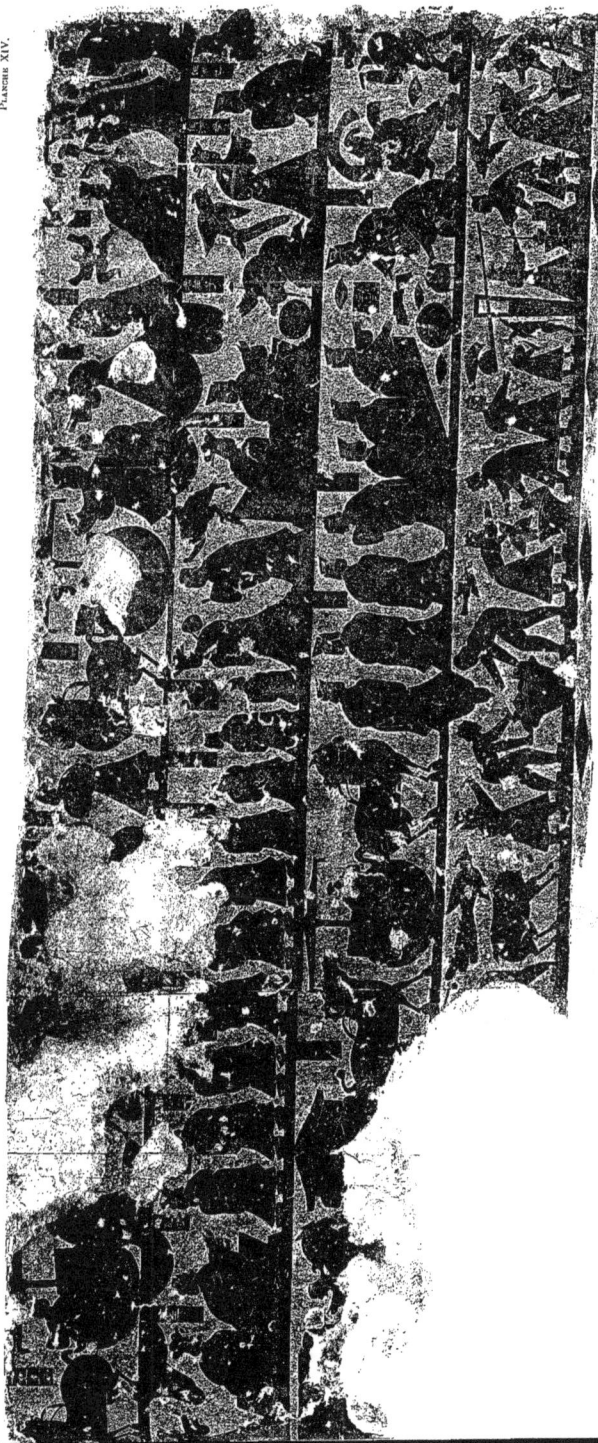

Septième pierre des chambres antérieures.

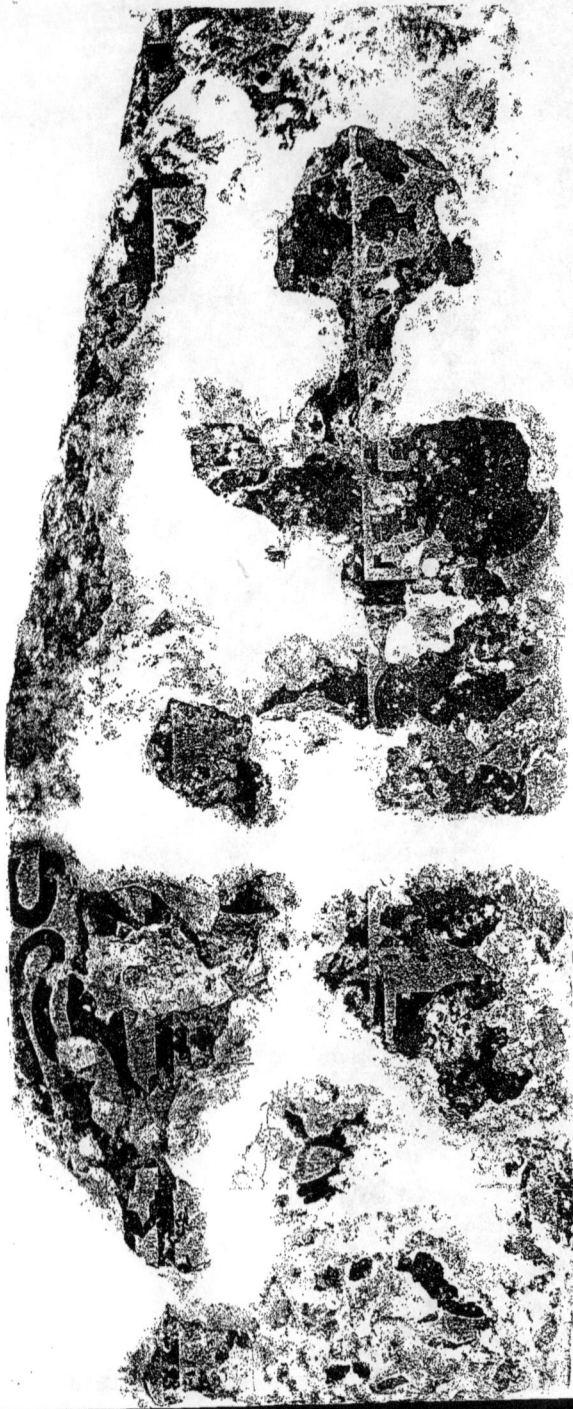

Huitième pierre des chambres antérieures.

LA SCULPTURE SUR PIERRE EN CHINE

Neuvième pierre des chambres antérieures.

La Sculpture sur Pierre en Chine.

Dixième pierre des chambres antérieures.

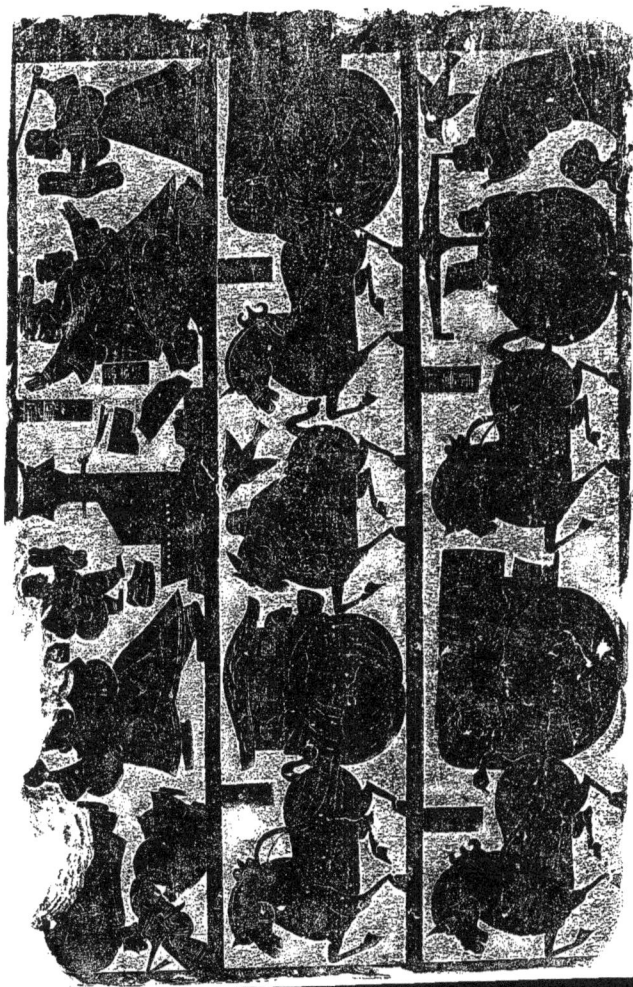

LA SCULPTURE SUR PIERRE EN CHINE.

Onzième pierre des chambres antérieures.

Douzième pierre des chambres antérieures.

6

Première face de la treizième pierre des chambres antérieures.

La Sculpture sur pierre en Chine.

Seconde face de la treizième pierre des chambres antérieures.

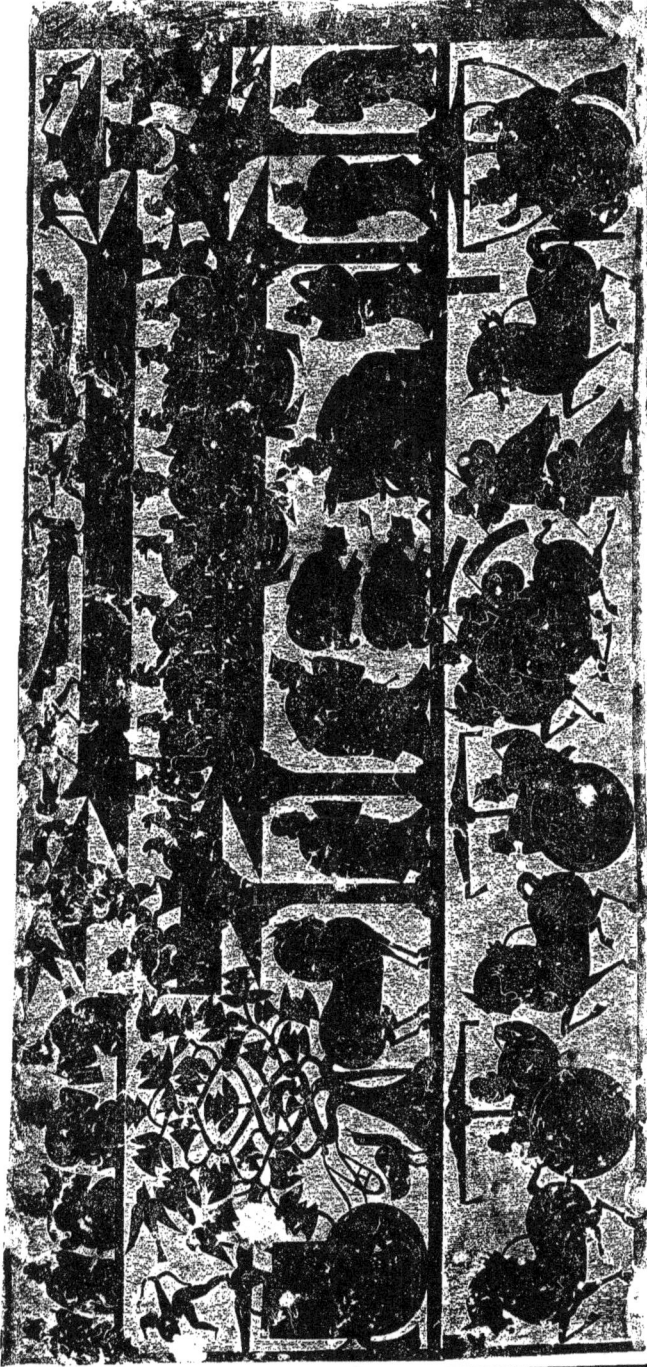

LA SCULPTURE SUR PIERRE EN CHINE.

Quatorzième pierre des chambres antérieures.

La Sculpture sur pierre en Chine.

Quinzième pierre des chambres antérieures.

PLANCHE XXI a.

Première pierre des chambres de gauche.

Pierre devant se raccorder à la première des chambres de gauche.

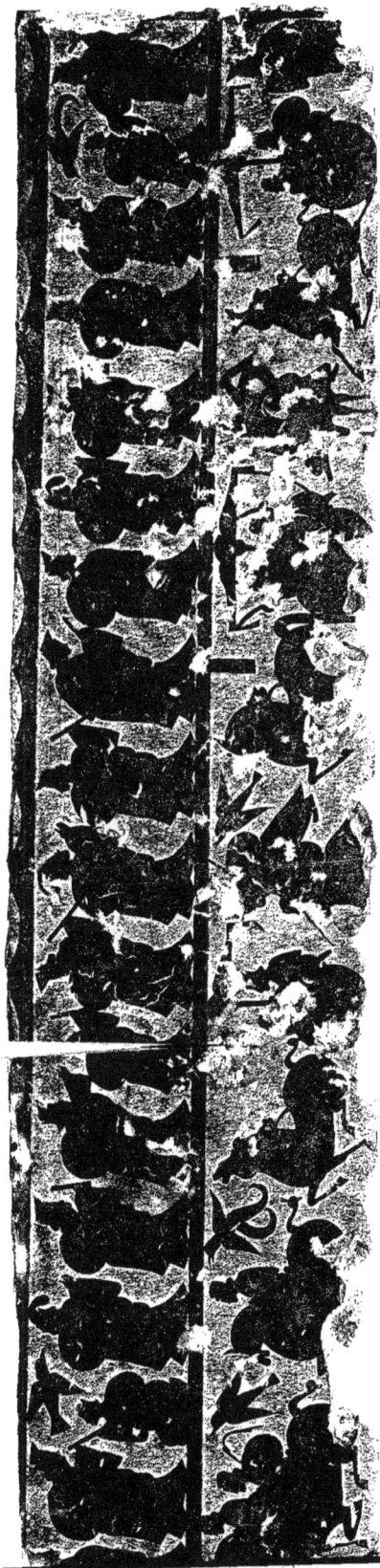

SCULPTURE SUR PIERRE EN CHINE.

Deuxième pierre des chambres de gauche.

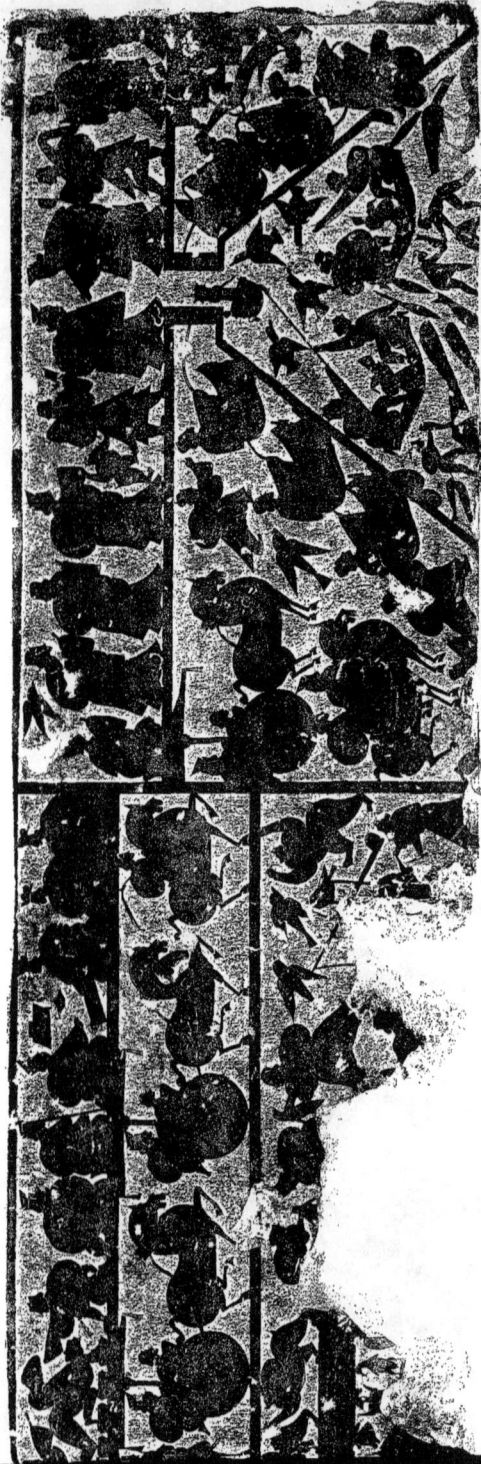

SCULPTURE SUR PIERRE EN CHINE.

Troisième pierre des chambres de gauche.

Quatrième pierre des chambres de gauche.

Cinquième pierre des chambres de gauche.

Sixième pierre des chambres de gauche.

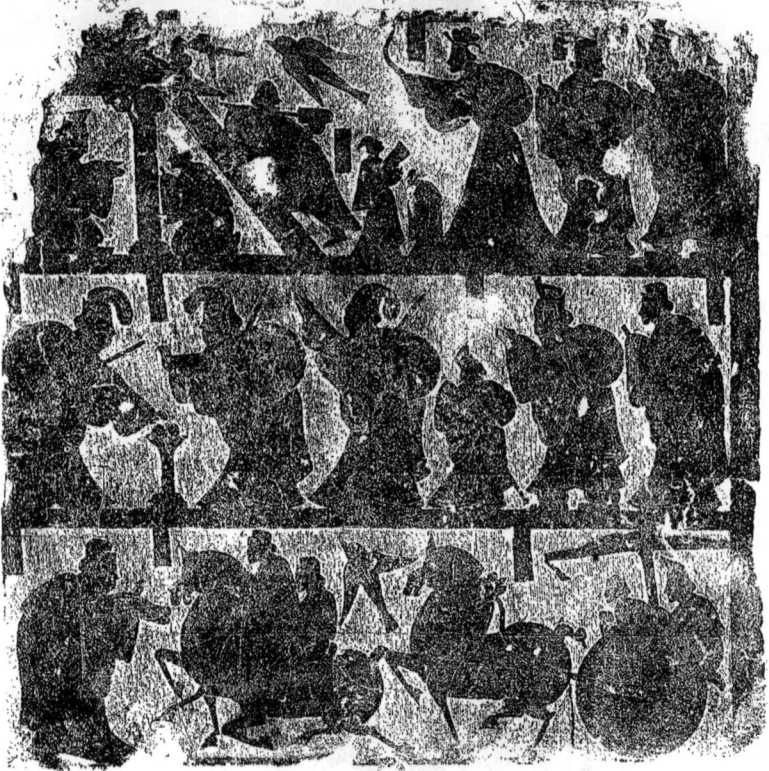

Septième pierre des chambres de gauche.

Huitième pierre des chambres de gauche.

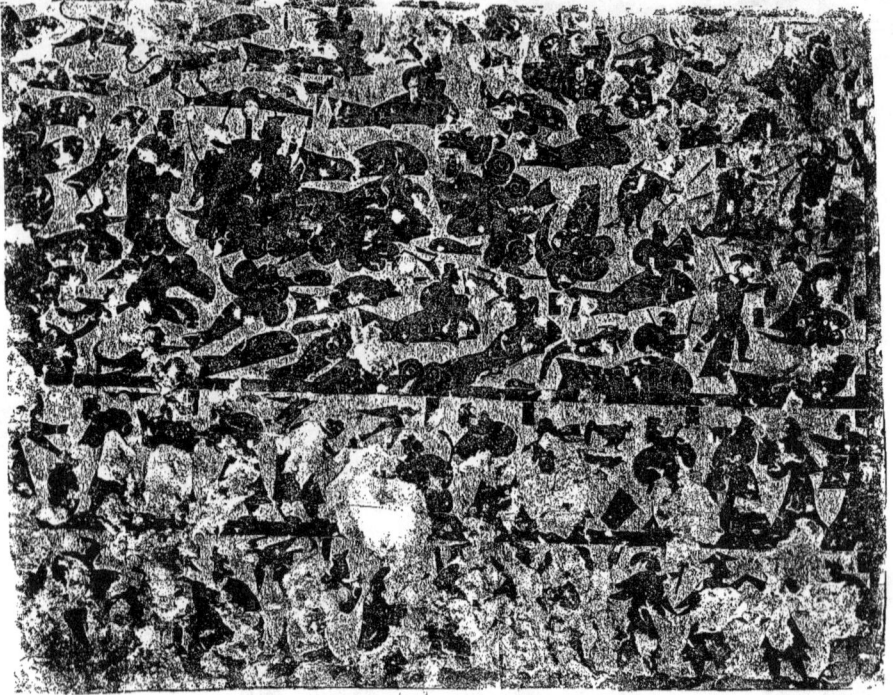

Première pierre des chambres postérieures.

Deuxième pierre des chambres postérieures.

Troisième pierre des chambres postérieures.

LA SCULPTURE SUR PIERRE EN CHINE.

Quatrième pierre des chambres postérieures.

10

LA SCULPTURE SUR PIERRE EN CHINE.

Cinquième pierre des chambres postérieures.

LA SCULPTURE SUR PIERRE EN CHINE.

Sixième pierre des chambres postérieures.

Septième pierre des chambres postérieures.

LA SCULPTURE SUR PIERRE EN CHINE.

Huitième pierre des chambres postérieures.

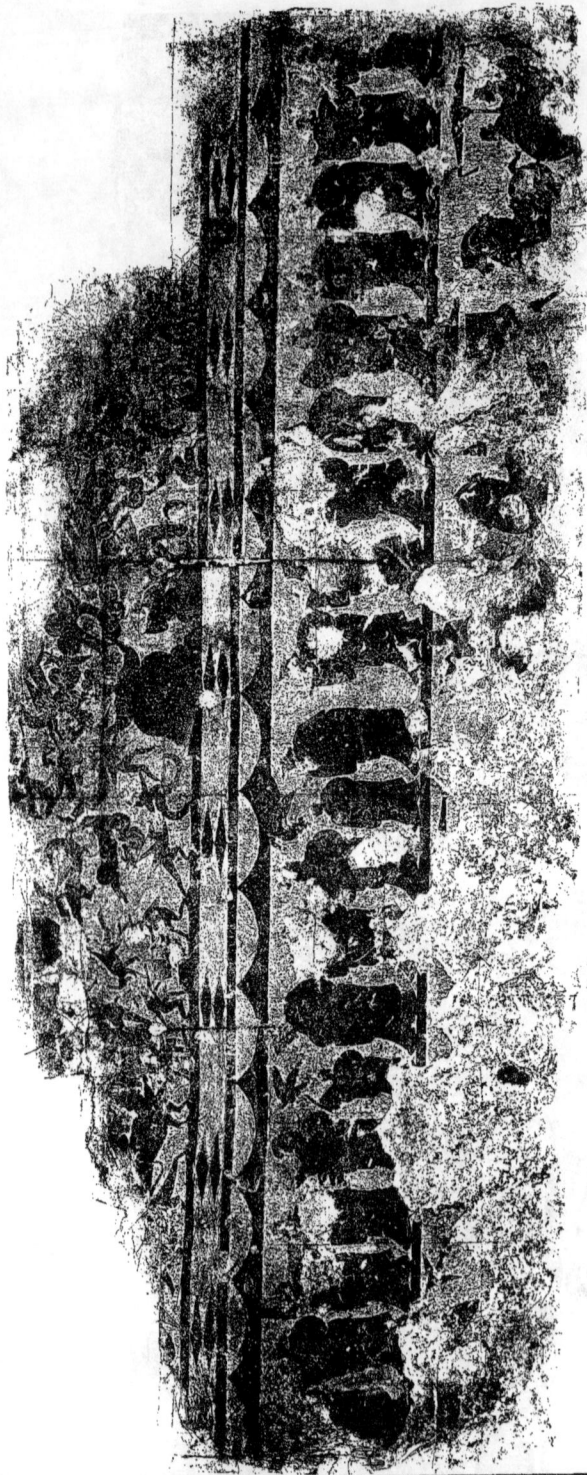

La Sculpture sur pierre de Choux.

Neuvième pierre des chambres postérieures.

LA SCULPTURE SUR PIERRE EN CHINE.

Dixième pierre des chambres postérieures

Bas-relief représentant la Visite de K'ong tse à Lao tse.

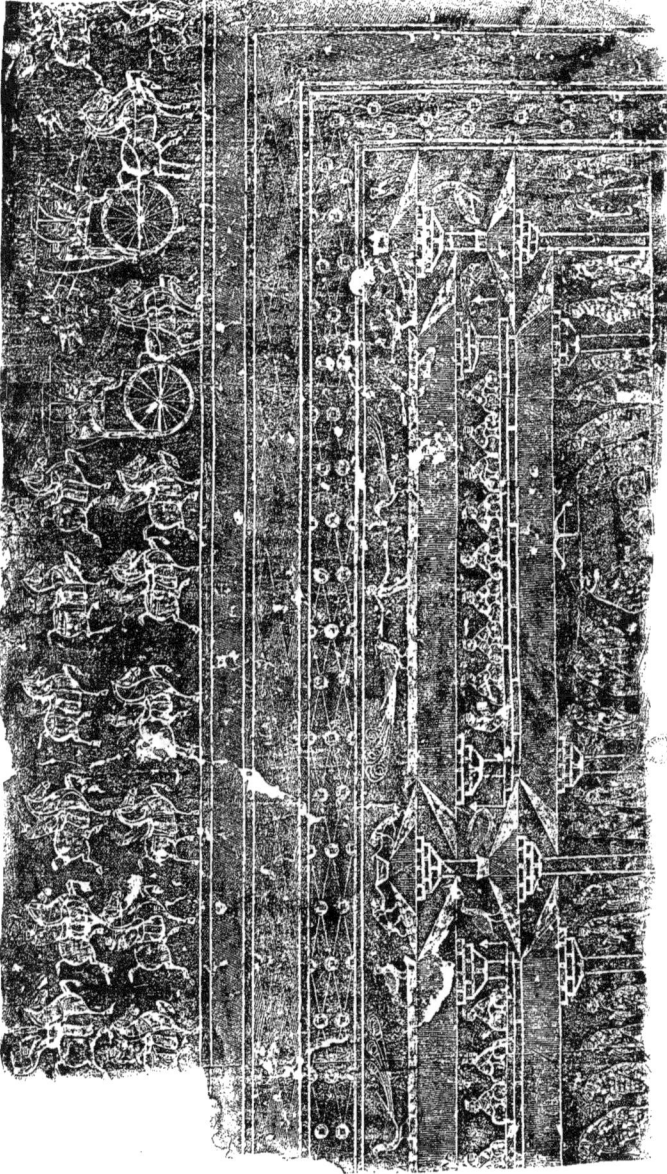

Neuvième et première pierres des bas-reliefs du Hiao T'ang chan.

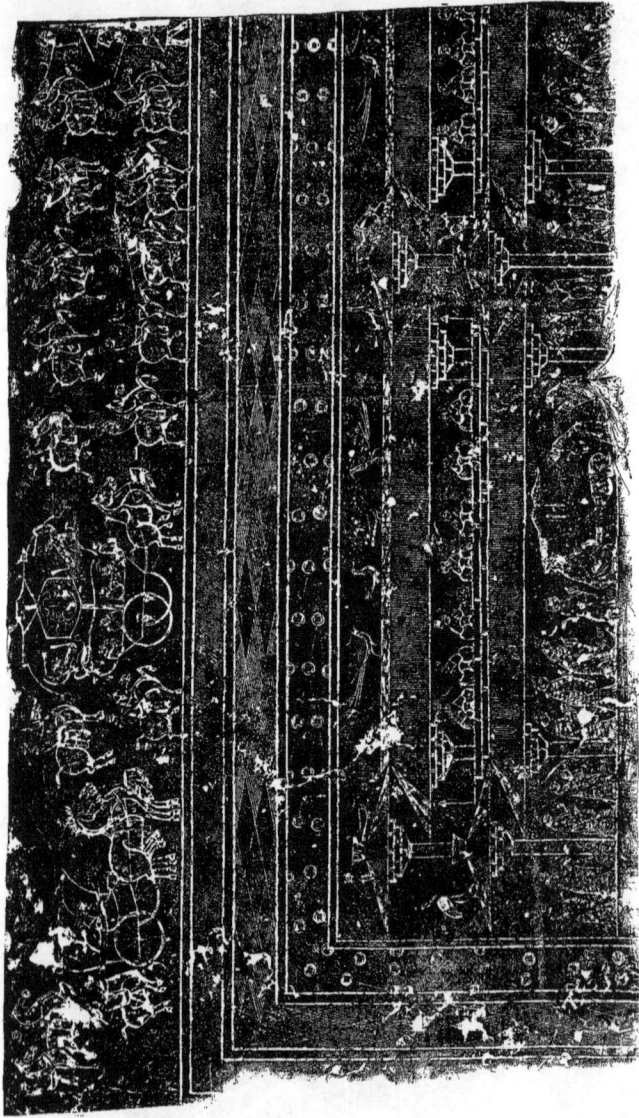

LA SCULPTURE SUR PIERRE EN CHINE.

Dixième et seconde pierres des bas-reliefs du Hiao T'ang chan.

Troisième et quatrième pierres des bas-reliefs du Hiao T'ang chan

13

Septième pierre des bas-reliefs de Hiao Yang chan.

14

Cinquième pierre des bas-reliefs du Hiao T'ang chan.

Sixième pierre des bas-reliefs du Hiao T'ang chan.

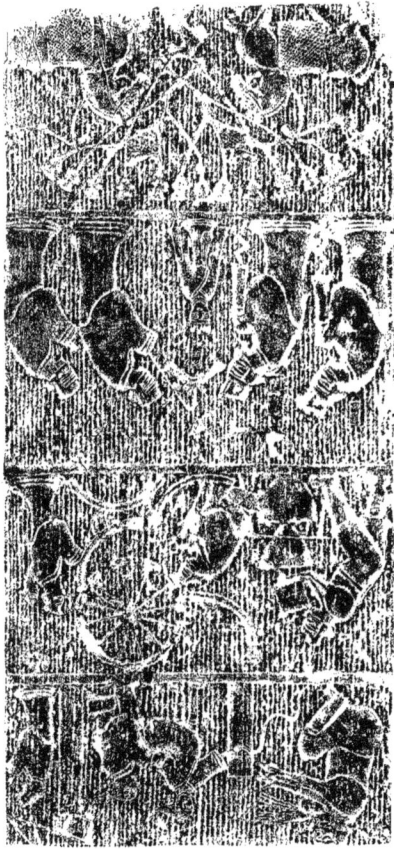

La Sculpture sur pierre en Orient.

Pierre sculptée du village de Léon.

Première pierre de l'inscription de Wong Pang Kang.

LA SCULPTURE SUR PIERRE EN CHINE.

Deuxième pierre de l'inscription de Wong Fang Kang.

Troisième pierre de l'inscription de Wong Fang-kang.

LA SCULPTURE SUR PIERRE EN CHINE.

Quatrième pierre de l'inscription de Wong Fang Kang.

Cinquième pierre de l'inscription de Wong Fang Kang.

LA SCULPTURE SUR PIERRE EN CHINE.

Pierre faisant suite à la cinquième de l'inscription de Wong Fang Kang.

La Sculpture sur pierre en Chine.

Inscription de T'sien yong (Mur du sud après l'inscription de Wong Fang Kang.)

Titre de l'inscription de Wong Fang Kang.

漢從事武君諱梁字綏宗

漢吳郡丞武君字開明

漢敦煌長史武君諱斑字宣張

漢執金吾丞武君諱榮字含和

Inscription de Li Tong K'i (Mur du sud.)

La Sculpture sur pierre en Chine.

Stèle de Ou pan.

18

Inscriptions du Revers de la stèle de Ou pan.

ERNEST LEROUX, ÉDITEUR
RUE BONAPARTE, 28, PARIS

L'ASIE CENTRALE

(TIBET ET RÉGIONS LIMITROPHES)
Par DUTREUIL DE RHINS

Texte, un volume in-4 de 636 pages, et Atlas in-folio cartonné. 60 fr.

L'ILE FORMOSE

(HISTOIRE ET DESCRIPTION)
Par C. IMBAULT-HUART

Avec une Introduction bibliographique par H. CORDIER
Un beau volume in-4, avec nombreuses illustrations dans le texte, cartes, planches, etc. 30 fr.

LA SCULPTURE SUR PIERRE EN CHINE

AU TEMPS DES DEUX DYNASTIES HAN
Par ÉDOUARD CHAVANNES

Un vol. in-4, avec 66 planches gravées d'après des estampages. 30 fr.

LES RUINES D'ANGKOR

ÉTUDE HISTORIQUE ET ARTISTIQUE
SUR LES
MONUMENTS KHMERS DU CAMBODGE SIAMOIS
Par LUCIEN FOURNEREAU

Architecte, chargé d'une mission archéologique par le Ministère de l'Instruction publique et des Beaux-Arts.
ET JACQUES PORCHER
Professeur à l'École municipale J.-B. Say.

Un beau volume in-4°, comprenant un texte, richement illustré de vues, de types, de sites, de monuments, etc., une carte et 101 planches reproduisant par la phototypie les chefs-d'œuvre des temples d'Angkor. Le tout en un carton artistique. 50 fr.

LES RUINES KHMÈRES

CAMBODGE ET SIAM
Documents complémentaires d'Architecture, de Sculpture et de Céramique
Par LUCIEN FOURNEREAU

Architecte, chargé d'une mission archéologique par le Ministère de l'Instruction publique et des Beaux-Arts.
Album de 140 planches en phototypie. En un carton. 50 fr.

Les planches contenues dans cet album sont le complément nécessaire du premier volume paru sous le titre : *Les Ruines d'Angkor*. Dans la première partie, nous nous étions attachés à donner des vues d'ensemble des monuments décrits. Nous nous proposons ici un autre but ; c'est de faire connaître l'architecture, la sculpture et la céramique des Khmers dans tous les détails de leurs motifs et de leurs procédés. C'est pour cette raison que nous avons adopté, non plus l'ordre historique, comme dans le premier volume, mais l'ordre architectural, et que nous passons en revue successivement toutes les parties dont se compose un édifice.

ANGERS, IMPRIMERIE ORIENTALE A. BURDIN ET Cⁱᵉ, 4, RUE GARNIER.

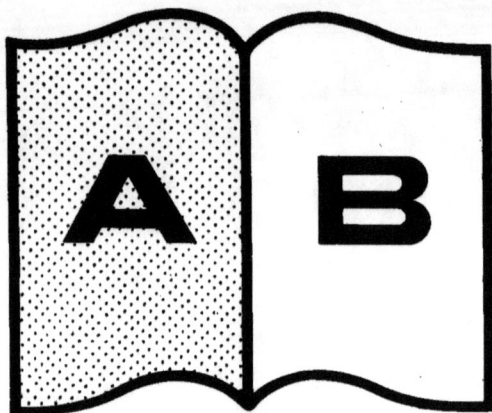

Contraste insuffisant

NF Z 43-120-14

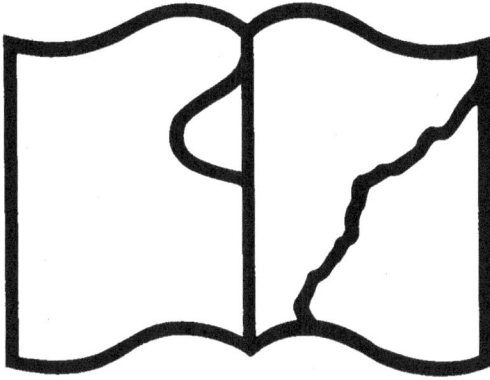

Texte détérioré — reliure défectueuse

NF Z 43-120-11

www.ingramcontent.com/pod-product-compliance
Lightning Source LLC
Chambersburg PA
CBHW070621100426
42744CB00006B/569